Anspruchsvolle
Fertighäuser

Frei geplante Entwürfe vom Architekten

Paul Daleiden

Frei geplante Entwürfe vom Architekten

Anspruchsvolle
Fertighäuser

BF

Blottner Fachverlag

Inhalt

Die andere Seite des Fertigbaus

Lange Jahre war die Fertigbauweise eng verbunden mit dem sogenannten Typenhaus. Verständlich, denn schon von Beginn an setzten Industrie und mittelständisches Handwerk auf das Bauen mit vorgefertigten Elementen in Holzverbundbauweise. Die Umsetzung klappte am besten mit standardisierten Grundrissen, Häusern aus dem Katalog, bei denen nur wenige Änderungen anstanden. Wohnraumvolumen war gefragt, es ging um hohe Stückzahlen, Masse statt Klasse. Nicht die Architektur stand im Vordergrund, sondern schnelle Reproduzierbarkeit zu günstigen Kosten. Schnelligkeit war gefragt, um den wachsenden Bedarf nach neuem Wohnraum abzudecken. Dank der Vorfertigung im Werk konnte der Holzfertigbau auftrumpfen mit Pluspunkten wie kurze Bauzeit, reproduzierbare Qualität, witterungsunabhängige Fertigung usw.

Faktoren, die auch heute noch ihren Wert haben. Allerdings bei veränderten Rahmenbedingungen. Nach großartigen Erfolgen Ende der 60er und Anfang der 70er Jahre musste der Fertigbau nämlich erkennen, dass die Nachfrage sich nicht mehr am Wohnraumvolumen orientierte, sondern an der architektonischen Qualität. Nicht mehr das Haus von der Stange war gefragt, sondern der individuelle Kundenentwurf. Da reichte es nicht mehr, Wände zu versetzen, Fenster zu verändern oder einen Grundriss spiegelverkehrt zu realisieren, denn der Markt verlangte nach persönlichen Wohnlösungen, abgestimmt auf das Grundstück, den Wohnvorstellungen der Baufamilie und den Geldbeutel. Eine Herausforderung für sämtliche Hersteller des Fertigbaus, denn nun war auch architektonische Kreativität gefragt.

Die Branche reagierte sehr unterschiedlich auf diese neuen Rahmenbedingungen. Interne Planungsabteilungen wurden aufgestockt, die Zusammenarbeit mit freien Architekten verstärkt, die Beratung in den Musterhäusern aufgewertet. Ergebnis: In vielen Musterhäusern ist nicht nur der bewährte Hausverkäufer oder -berater anzutreffen, sondern meist auch ein komplettes Planungsteam.

Eine Entwicklung, die noch längst nicht abgeschlossen ist. Topfirmen des Fertigbaus haben sich längst freie Architekten ins Boot geholt, deren Entwürfe ohne viel Aufsehen in die jeweiligen Hausprogramme mit einfließen oder arbeiten kontinuierlich mit fremden Architekturbüros zusammen, die auf Zuruf zur Verfügung stehen und bei Bedarf den Interessenten empfohlen werden können.

Das Ergebnis: Hochwertige Entwürfe, die mit dem Fertigbau der 60er Jahre nichts mehr gemeinsam haben, mit der üblichen Firmenhandschrift nicht mehr auf einen Nenner zu bringen sind, die mit dem Typenhaus nur noch konstruktive Berührungspunkte haben. Die Pluspunkte für Bauinteressenten liegen auf der Hand: Sie kommen in den Genuss der klassischen Pluspunkte des Fertigbaus (Schnelligkeit, alles aus einer Hand, Festpreis, feste Termine usw.), ohne jedoch auf die Vorteile einer individuellen Planung verzichten zu müssen. Ein Konzept, das überzeugt, können doch alle Beteiligten mit vielen Vorteilen rechnen. Ein Nachteil sei an dieser Stelle allerdings erwähnt: Die Preisvorteile der früheren Standardisierung sind bei diesen Häusern nicht mehr darstellbar. Der Nachteil des hochwertigen und aufwändigen Unikats!

Die Entwicklung ist damit noch längst nicht beendet. Neuerdings nehmen sich sogar Stararchitekten dieses Themas an. Renommierte Planer aus dem In- und Ausland, die üblicherweise nur mit Verwaltungsgebäuden, Museen usw. in einem Atemzug genannt werden, haben das Einfamilienhaus und die Holzfertigbauweise entdeckt. Sie setzen ihren guten Namen ein, um dem Fertigbau zu höheren Weihen zu verhelfen. Jüngstes Beispiel: Frank O. Gehry (u. a. Guggenheim-Museum in Bilbao) entwickelte für ein bekanntes Fertighaus-Unternehmen aus Baden ein Atriumhaus mit unverkennbar kalifornischem Spirit.

Auffällig ist, dass der Fertigbau dank dieser Zusammenarbeit mittlerweile in vielen Bereichen mit attraktiven Lösungen aufwarten kann. Das war nicht immer so. Beispielsweise glänzte er bei Hangbebauungen lange Zeit durch Abwesenheit. Heute sieht es anders aus. Oder bei den Glashäusern. Gab es früher nur eine geringe Leistungsdichte, so ist die Bandbreite heute wesentlich größer geworden. Zwei Beispiele, die zeigen, dass mit dem Holzfertigbau stärker denn je zu rechnen ist!

Holz & Glas

Licht, Sonne & Natur
Gläserne Wohnwelt

Moderne Einfamilienhäuser, ob Stein auf Stein oder mit Holz gebaut, haben eines gemeinsam: Sie weisen heute große Öffnungen aus, sei es bei den Fenstern im Bereich der Fassade, bei der Dachhaut, bei den Dachabschleppungen, bei den Bauteilen wie Erker, Wintergarten usw. Das war nicht immer so, denn lange Jahre hatte die Glasarchitektur im Einfamilienhausbereich einen schweren Stand. Fenster galten als thermische Löcher, als chronische Energieverschwender, von der passiven Sonnenenergienutzung war noch nicht die Rede. Die Erkenntnis, dass Fassaden unterschiedlich zu gestalten sind, je nach Ausrichtung des Baukörpers, z. B. mit viel Glas auf der Südseite, kleinformatigen Öffnungen auf der Nordseite, hat erst in den letzten Jahren an Bedeutung gewonnen. Bedingt durch die Vorgaben der Enegieeinsparverordnung und die Fortschritte im modernen Fensterbau. Optimierte Mehrfachverglasungen, spezielle Gasfüllungen, neue Rahmenkonstruktionen haben bewirkt, dass Glasbauteile Dämmwerte erreichen, die einen Vergleich mit massiven Außenwänden nicht scheuen müssen.

Das hat zum Umdenken bei vielen Planern geführt. Mit hohem Glasanteil treten nicht nur die bewährten Holz-Skelettkonstruktionen auf, die über ein Traggerüst verfügen, hier handelt es sich um modernes Fachwerk aus Leimholz und Glas, sondern auch bei üblichen Konstruktionen (Holzfertigbau, Holzrahmenbauweise) hält der Siegeszug der Glasbauteile unvermindert an. Wintergärten, komplett verglaste Giebel, teilverglaste Dachpartien, vollflächig verglaste Südseiten, letztere sind bei den aktuellen Pultdach-Häusern auszumachen, sind heute längst

keine Exoten mehr. Dass hierbei dem Sonnenschutz eine wichtige Rolle zukommt, sei nur am Rande erwähnt. Denn ohne grundsätzliche Überlegungen in dieser Richtung wird das Glashaus keinen Spaß machen.

Bauen mit Glas ist nicht nur eine technische Angelegenheit. Viel wichtiger ist die emotionale Seite. Licht, Sonne, Wohnen im Kontakt mit der Natur – das bedeutet ein Öffnen der Innenwelt, das Einbeziehen der Umgebung, die Wahrnehmung der Außenwelt. Am Anfang mag das manchmal schwierig sein, nichts für Zeitgenossen, die bereits bei Dämmerung die Rollläden in Bewegung setzen. Von Vorteil natürlich auch, wenn bei einer gläsernen Wohnwelt das Grundstück etwas größer als üblich ausfällt, so dass einem der Nachbar nicht zu nahe kommt.

Verständlich daher, dass solch transparente Häuser eher im ländlichen Raum, in den städtischen Randgebieten als in den urbanen Zentren zu finden sind.

Bauen mit Holz und Glas bedeutet auch, dass man versuchen wird, möglichst viele Räume in den Genuss der Sonne kommen zu lassen. Transparentes Wohnen steht im Blickpunkt, was auch für die vertikale Transparenz gilt. Deckenöffnungen sind dann auch bei diesen Häusern schon fast Pflicht, Galerien und offene Grundrisse ermöglichen einen hohen Licht- und Sonneneinfall tief ins Haus hinein, in manchen Fällen kommt sogar noch eine Dachverglasung hinzu. Letztere garantiert dann nicht nur ein Wohnen mit der Sonne, sondern auch mit den Sternen!

Traum
in Weiß

Glashäuser stehen ganz oben in der Gunst vieler Bauherren. Verständlich, denn Glas bedeutet Licht, Sonne, Transparenz, Blick nach draußen, Natur usw. Außerdem hat sich im Zeitalter der Solararchitektur Glas zum wichtigsten Baustoff beim Hausbau entwickelt.

Auf einem Traumgrundstück mit Blick auf den Genfer See steht dieses Traumhaus. Die filigrane Tragkonstruktion aus Leimholz ist Bestandteil der Architektur, breite Dachüberstände schützen die Konstruktion, dienen als Sonnenschutz und die Innenwelt geht nahtlos in die Außenwelt über.

Moderne Fachwerk- und Skelettkonstruktionen bieten sich geradezu an, wenn es um transparente Glashäuser geht. Der Grund: Die Tragfunktion wird bei diesen Ausführungen durch das filigrane Skelett übernommen, letzteres meist in Leimholz ausgeführt, so dass die Wände nur noch eine raumabschliessende Funktion haben. Im Extremfall ist ein solches Skelett sogar rundum mit Glas auszufachen. Dies macht jedoch wenig Sinn, denn es soll sich ja auch Geborgenheit einstellen, was bei kompletter Transparenz nur schwer vorstellbar ist.

Erwünscht ist somit ein Kompromiss aus geschlossenen und transparenten Wänden. Wie bei diesem 3-Achsen-Haus von Huf, das auf einem Traumgrundstück in der Schweiz steht. Modernes Fachwerk, viel Glas, breite Dachüberstände, die überall sichtbare Leimholzkonstruktion in Weiß mit Edelstahlverschraubungen, auch innen weitgehend offen (verglaster Windfang, offene Küche, Galerie im Wohnbereich usw.) und einem Glasband in der Dachfläche, das fast bis zum First reicht. Nur wenige Farbflächen (Haustür, Fußböden) unterbrechen diese konsequent durchgestylte Wohnwelt, die auf Schritt und Tritt zeigt, dass kein Detail dem Zufall überlassen wird und viele Jahre an Erfahrung benötigt werden, um diese Perfektion zu erreichen. Verständlich, dass Huf Haus zur Crème de la crème des modernen Holzbaus zählt!

Die Durchgängigkeit des Konzepts reicht bis ins kleinste Detail. Ob im Erdgeschoss oder im Bad, die Innenausstattung ist aus einem Guss. Zu erklären durch die Tatsache, dass Huf Haus zu den wenigen Hausherstellern gehört, die auf Wunsch auch den kompletten Innenausbau (Möbel, Küche usw.) durchführen. Vorteil einer solchen Lösung: Die Möblierung passt hundertprozentig zum Innenleben des Hauses.

FAKTEN

Entwurf: „3-Achsen-Haus" von Huf Haus in 56244 Hartenfels.

Abmessungen: 12,16 x 12,19 m.

Konstruktion: Modernes Fachwerk in Leimholz, 30 Grad Satteldach.

Wohnflächen: EG 92 m², DG 70 m².

Preis dieses Entwurfs: 332 339 € (2001) inkl. Unterkellerung.

Kontakt und Anschrift: Seite 125.

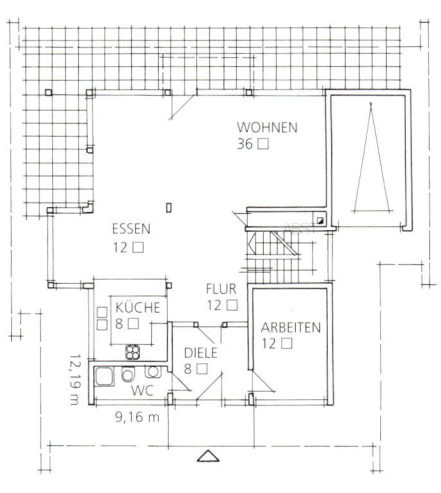
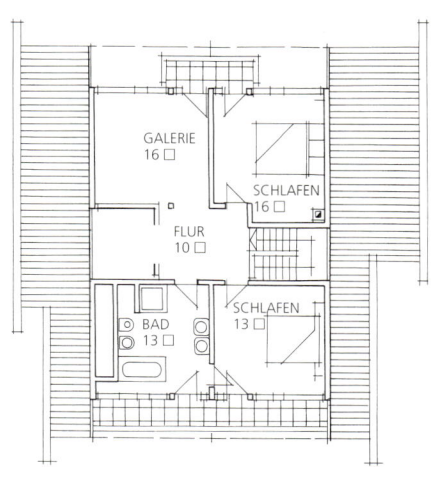

Schon die Außenansicht lässt ahnen, dass dieser Entwurf einige Überraschungen bereithält. Oben der Innengarten und die darüber laufende Brücke. Bereiche und Ebenen sind aufgelöst, die Übergänge fließend. In all dieser Offenheit bilden einzelne Räume geschützte Nischen.

Die Holzskelettkonstruktion bietet Planern die Möglichkeit, Grenzen verschwimmen zu lassen: zwischen innen und außen, zwischen den einzelnen Bereichen und sogar zwischen den Ebenen. Warum also nicht mit Licht, Form und Farbe spielen, um diese Möglichkeiten auszureizen?

Erste Indizien, dass genau dies bei diesem Entwurf geschehen ist, sind Fensterhöhen, die auf den zweiten Blick nicht so recht zusammenzubringen sind. Kenner ahnen hier bereits, dass es sich um eine Split-Level-Konstruktion handelt, ein Haus mit in sich versetzten Ebenen. Ansonsten fallen von außen die Fenster angenehm ins Auge, die mit ihrem kräftigen Blau einen Akzent zur Holzfassade setzen. Auch die Dachgeometrie und

der Dreieckserker wirken als Blickfang. Letzterer ist, ein Blick auf den Grundriss verrät es, nicht das, wofür man ihn von außen hält. Der Planer hat mehrere Rechtecke und ein Quadrat ineinander verschachtelt, und der Erker ist eigentlich eine Ecke, die aus der Fassade ragt. Räume und versetzte Ebenen folgen dieser Struktur.

So entsteht ein großzügiges, weitgehend offenes Raumkonzept, bei dem die einzelnen Bereiche klar gegliedert sind und trotzdem vielfältig ineinander übergehen – einem urwüchsigen Wald vergleichbar, dessen Bewohner auf verschiedenen Ebenen leben, wo es Räume und Nischen gibt, aber keine Grenzwände: Der Innengarten ist nur ein Anfang.

Wohnen
im Wald

Die Giebelfassaden, einmal mit integriertem Carport, einmal mit ausladendem Erker. Selbst im Bad lösen sich die Ebenen auf, ganz oben unterm Dachversatz befindet sich ein „Adlerhorst".

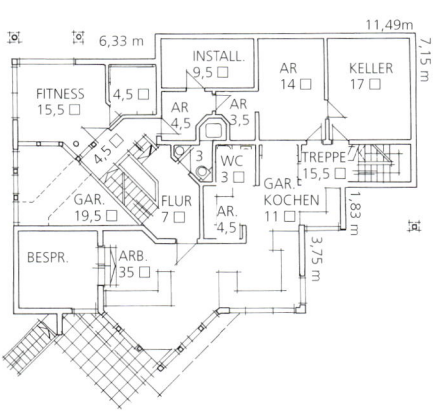
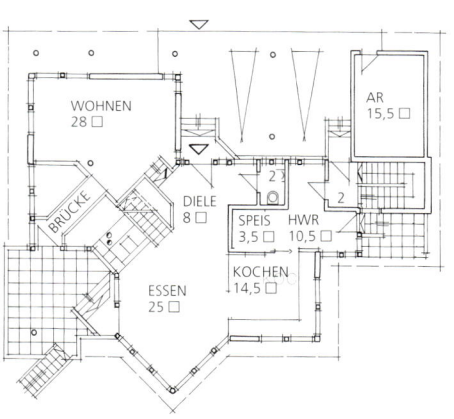

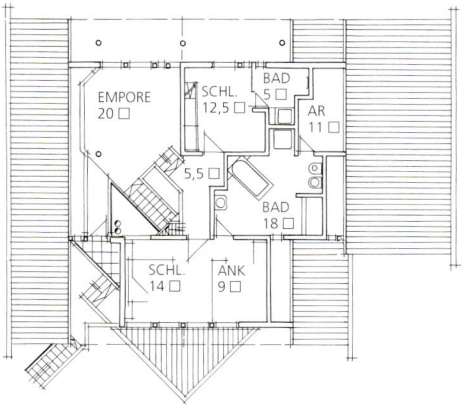

FAKTEN

Entwurf: Entwurf von Bauart Partner Gremmelspacher in 72525 Münsingen.

Abmessungen: 11,93 x 15,05 m.

Konstruktiom: Holzskelettbauweise mit 30 Grad Satteldach und Holzfassade.

Wohnflächen: UG 183 m², EG 161 m², DG 127 m².

Preis: Auf Anfrage.

Kontakt und Anschrift: Seite 125.

Täglich Besuch von der Sonne

Im Zentrum des Wohngeschehens liegt der wintergartenähnliche Glasanbau. Zusammen mit einer Galerie überm Essplatz und dem verglasten Firstbereich ergeben sich faszinierende Raumsituationen und abwechslungsreiche Lichtspiele.

Ein großzügiger Wintergarten war der ausgesprochene Wunsch der Baufamilie. Der Architekt entwickelte einen lang gestreckten Baukörper in Ost-West-Ausrichtung mit weitgehend offener Westseite (Verglasung), einem nach Süden ausgerichteten Glasanbau und der anschließenden Terrasse mit transparenter Überdachung. So sind Licht, Luft und Sonne tatsächlich zu jeder Jahreszeit optimal zu genießen.

Da das Haus am Hang liegt, wurde mit einem „Gittersteg" (vor dem Glasanbau) und der Terrassentreppe ein direkter Zugang zum Garten geschaffen. Dank der eingesetzten Materialien Glas, Edelstahl und Holz wirkt alles leicht und unaufdringlich.

Die Glasflächen erfordern natürlich entsprechende Beschattungseinrichtungen, damit das Klima im Gebäude auch während heißer Sommertage ohne zusätzliche aufwändige Technik erträglich bleibt. Zwei der vier Lüftungsfenster im verglasten Firstbereich werden wie die Markise überm Glasanbau automatisch gesteuert.

Gute Wärmedämmung der Außenwände, eine Brauchwasser-Solaranlage (vorbereitet) sowie eine Lüftung mit Wärmerückgewinnung gehören zum Energiekonzept des Entwurfs. Auf der Nordseite gibt es fast keine Fenster; Treppenhaus, Windfang, Abstellraum, Gäste-WC und Garage dienen außerdem als Klimapuffer.

Das Erdgeschoss ist zusammen mit der Küche als Allraum konzipiert, wobei die Küche bei Bedarf durch zwei raumhohe Schiebetüren abgetrennt werden kann. Der zentral gelegene freundliche Essplatz – an der sonnigsten Stelle des Hauses – ist Kommunikationsmittelpunkt und schafft über die Galerie auch Verbindung zum Dachgeschoss.

Durch die perfekte Solar-Architektur mit First-Lichtband und Oberlichtern über den Türen ist auch hier die Sonne ständig zu Gast.

Licht von allen Seiten: Auch im Dachgeschoss herrscht dank Fenstern und Oberlichtern in jedem Raum ein sonniges Ambiente.

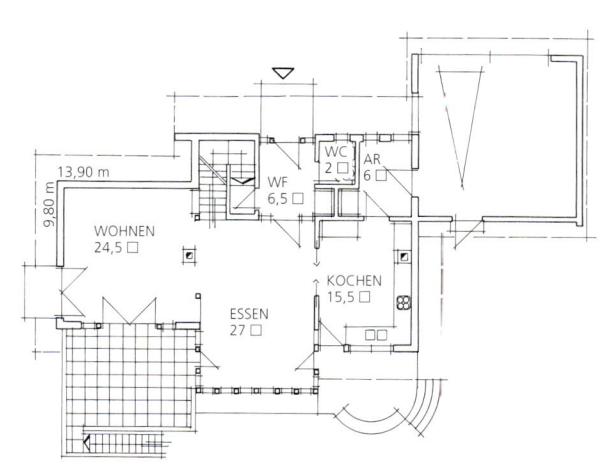

FAKTEN

Entwurf: Kundenhaus von Jehle Holzhaus in 79809 Weilheim-Bannholz.

Abmessungen: 9,80 x 13,90 m.

Konstruktion: Holzverbundbauweise und Mauerwerk, ca. 160 cm Kniestock, 25 Grad Satteldach.

Wohnflächen: EG 81,5 m², DG 64 m².

Preis: Auf Anfrage beim Hersteller.

Kontakt und Anschrift: Seite 125.

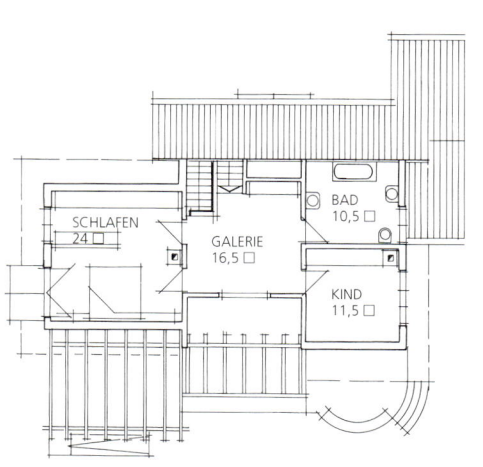

SCHLAFEN
24 □

GALERIE
16,5 □

BAD
10,5 □

KIND
11,5 □

Carport, Verbindungselement – bei einem Haus dieser Klasse ist selbstverständlich jedes Detail konstruktiv und formal abgestimmt.

Bei hochwertigen Skelett-Konstruktionen aus Leimholz, und um eine solche Bauweise handelt es sich hier, spielt Glas eine wichtige Rolle. Bedingt durch die Tatsache, dass das Traggerüst die Lasten übernimmt, bleibt reichlich Gestaltungsfreiraum, da Tragwände nicht in Erscheinung treten. Ergebnis: Auf Innenwände kann gänzlich verzichtet werden, die komplette Haushülle ist im Extremfall sogar komplett in Glas auszuführen.

Von diesen Möglichkeiten machen die Hersteller, es handelt sich um eine Handvoll in Deutschland, die überregional liefern, reichlich Gebrauch. Selten wird zwar das Haus voll verglast, Geborgenheit ist bekanntlich bei rundum verglasten Räumen nur schwer zu erreichen, dennoch ist der Glasanteil bei solchen Häusern extrem hoch.

Immerhin: 80 % der Außenwände bestehen hier aus Glas. Was auch eine stark ästhetische Wirkung beinhaltet: Das weiße Traggerüst mit den mächtigen Dachüberständen, dem roten Dach, weiße Putzflächen und den großflächigen Glasscheiben – zugegeben, eine Wirkung, die den Betrachter nicht unberührt lässt. Der Hersteller, Davinci-Haus, hat sich noch für ein zusätzliches „Sahnehäubchen" entschieden. Im Wohnbereich öffnet ein schmales Glasband das Dach, von der Galerie aus bis hinunter zur Abschleppung, so dass die Bewohner in aller Gemütlichkeit den Blick zum Himmel genießen können.

Architektur
der konsequenten Art

Design-Erkennungsmerkmal vieler Davinci-Häuser: Filigrane Treppenanlage mit Stufen in farbigem Wechsel (oben links). Das schmale Glasband im Dach reicht von der Galerie bis hinunter zum abgeschleppten Teil des Wohnbereichs (unten).

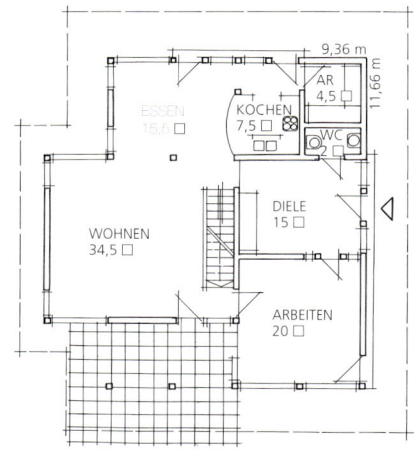

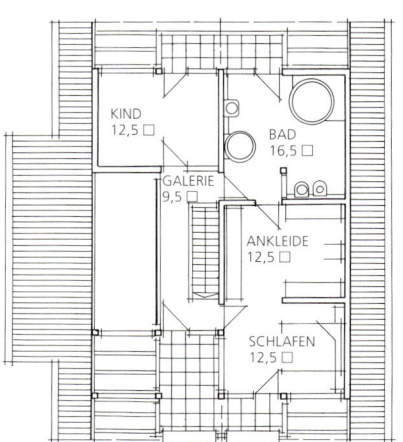

Offen nach allen Seiten – eine Formel, die bei diesem Haus überaus deutlich mit Leben erfüllt wird. Doch damit noch nicht genug, der Entwurf beinhaltet weitere Qualitäten. Erwähnenswert die filigrane Treppe (Treppenstufen in farbigem Wechsel), die Galerie im Wohnbereich, eine überaus gut dimensionierte Diele, der Elterntrakt mit Ankleide und Bad usw.

Auch bei der Ausstattung werden Akzente gesetzt: Fußbodenheizung, polierte Granitfliesen, Bus-Technik, Beschattungsanlage für die Dachverglasung, Glastüren, Acryl-Fallrohre für Regenwasser, Küche und Einbaumöbel aus eigener Produktion (Davinci-Design: Brigitte Beier) usw.

Kein Zweifel: Dieses Haus bietet Wohnen auf hohem Niveau. Ein Entwurf für Bauherren, die eine Vorliebe haben für eine konsequente Formensprache, bis ins letzte Detail und eine konstruktiv betonte Ästhetik.

FAKTEN

Entwurf: Musterhaus „Schloss Diedersdorf" (15831 Diedersdorf) von Davinci-Haus in 57580 Elben/Ww.

Abmessungen: 9,36 x 11,60 m.

Konstruktion: Skelettbauweise in Leimholz, Putz/Glas, 30 Grad Satteldach, 116 cm Kniestock.

Wohnflächen: EG 104 m², DG 72 m².

Preis: Ab Keller 311 657 € (2003).

Kontakt und Anschrift: Seite 125.

Skulptur auf
grüner
Wiese

Ein bekannter Designer und Architekt, ein Haushersteller aus dem sonnigen Kärnten, eine Architekturreihe mit der programmatischen Bezeichnung „O sole mio" und die Vorstellungen einer Baufamilie – da darf man auf das Ergebnis gespannt sein!

Großflächig verglaste Südseite, ein Muss bei solarer Architektur. Ein breiter Baukörper und die geringe Haustiefe lassen die Sonne tief ins Innere eindringen.

Das Erdgeschoss besteht aus einem großen offenen Raum mit sichtbarer Tragkonstruktion und zwei Deckenöffnungen. Eine offene Küche ist da schon fast Pflicht. Gut gelöst: Die tragenden Holzbalken mit integrierter Beleuchtung. Ein Markenzeichen von Griffner Haus: Rundsäulen in Holz mit Kapitell in Messing.

D er erste Eindruck: Das Haus erscheint wie eine Skulptur auf der grünen Wiese. Das hängt damit zusammen, dass der rechteckige Baukörper mit seinen ungewöhnlichen Proportionen nicht den Standard-Vorstellungen eines Hauses entspricht. Das Pultdach scheint zu schweben. Auf der Südseite liegt das Dach nicht vollflächig auf, denn der Baukörper ist an dieser Stelle abgeschrägt und verglast. Mit Schwung zieht das Dach nach oben, es „schwebt" optisch über dem Baukörper.

Die Südseite ist fast vollständig verglast. Sonnenhaus-Architektur nennt man solch ein Konzept. Durch die stattliche Hausbreite und geringe Tiefe kann die Wintersonne tief eindringen. Sonnige Zeiten sind also angesagt, im Sommer dagegen schützen automatisch steuerbare Holzlamellen die Glasfront vor Überhitzung. Ungewöhnlicher Effekt: Changing faces – durch die Lamellen-Paneele kann das Haus sein Gesicht wechseln. Es entsteht eine Patchwork-Fassade, nach Lust und Laune der Bewohner.

Die Seitenteile präsentieren sich brav und weitgehend verschlossen. Spannend dagegen die Eingangsseite. Wie ein Monolith ragt die blaue Wand empor, durchbrochen durch (wenige) kleine Fenster und eine minimalistische Eingangstür mit filigranem Vordach. Die Wirkung dieser monochromen Wand,

einziger Farbtupfer ist die orangefarbene Haustür, beeindruckt. Zumal durch das Glasband an der Dachunterkonstruktion der Eindruck (auch) hier entsteht, dass das Pultdach in einem Schwebezustand verharrt.

Das Innenleben zeigt sich nicht weniger spannend. Zwei Vollgeschosse mit rund 200 m² Wohnfläche, im Erdgeschoss ein offener Großraum mit zwei Deckenöffnungen, oben eine kreuzförmige Galerie mit teilverglaster Dachpartie, zwei Bäder und ein komfortabler Elterntrakt mit Schrankraum – das sieht nicht nur gut aus, sondern es wird auch reichlich Komfort geboten. Glaswände, helles Holz und farbige Schiebetüren erzeugen Leichtigkeit und ein sonniges Ambiente. Besonders die Farbflächen unterstreichen den konstruktiven Charakter, der überall wahrnehmbar bleibt.

Der Entwurf stammt von Architekt und Designer Matteo Thun, der für die Firma Griffner Haus die Baureihe „O sole mio" entworfen hat. Es handelt sich um eine konsequente Pult-Architektur mit modularem Aufbau, wie auch bei der zweiten Baureihe „O sole due". Variabel, offen und ergänzbar durch Balkone, Carports und weitere Module – das ist das Konzept. Ein industriell gebautes Sonnenhaus, individuell geplant, wie bei

Die blauen Schiebetüren sind nicht nur ganz schön praktisch, sondern betonen den überall wahrnehmbaren konstruktiven Charakter des Hauses.

Transparenz innen und außen, Sonnenhaus-Ambiente par excellence. Der hohe Glasanteil macht's möglich.

Die kreuzförmige Galerie sorgt für vertikale Transparenz innerhalb des Hauses.

diesem Privathaus nachvollziehbar ist, das in der Nähe von Landshut steht. Thun ist bekannt geworden durch seine Zusammenarbeit mit Ettore Sottsass, mit dem er die Gruppe Memphis gründete. Er kreierte Porzellan für Rosenthal, Möbel für Kartell, Leuchten für Flos usw.

Griffner Haus kommt aus Kärnten, ist seit Jahren in fast allen deutschen Haus-Ausstellungen präsent und ist durch seine ungewöhnliche Holz-Architektur europaweit bekannt geworden. Die Baureihe „O sole mio" ist zweifellos das Aushängeschild der Österreicher. Ein Top-Entwurf, der bereits lange aus der Taufe gehoben war, bevor sich hierzulande der Pult-Trend bemerkbar machte!

FAKTEN

Entwurf: „O sole mio" von Griffner Haus in A-9112 Griffen (deutsche Niederlassung in 56218 Mülheim-Kärlich).

Abmessungen: 15,20 x 8,25 m.

Konstruktion: Holzverbundbauweise mit Pultdach.

Wohnflächen: EG 105 m², DG 93 m².

Preis dieses Entwurfs: (fünf Module) Schlüsselfertig 410 100 € (2002).

Kontakt und Anschrift: Seite 125.

Geschlossen oder offen – je nach Stand ergeben sich unterschiedliche Gesichter des Hauses.

Wie ein Monolith präsentiert sich die monochrome Eingangsseite des Hauses. Einziger Farbtupfer ist die minimalistische Haustür mit einem filigranen Glasvordach. Die Fassade ist weitgehend geschlossen, durch die Glasfelder scheint das Dach zu schweben.

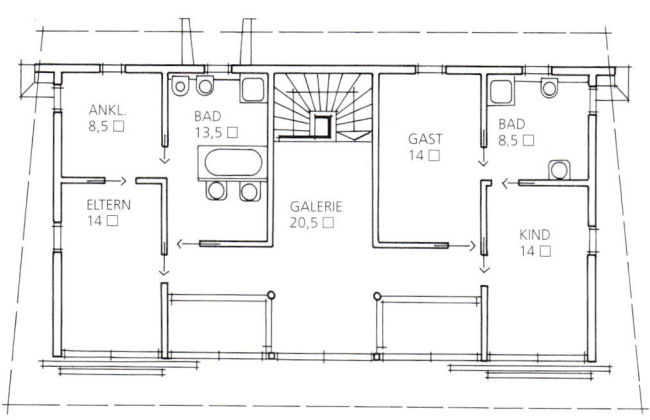

ANKL. 8,5 ☐
BAD 13,5 ☐
GAST 14 ☐
BAD 8,5 ☐
ELTERN 14 ☐
GALERIE 20,5 ☐
KIND 14 ☐

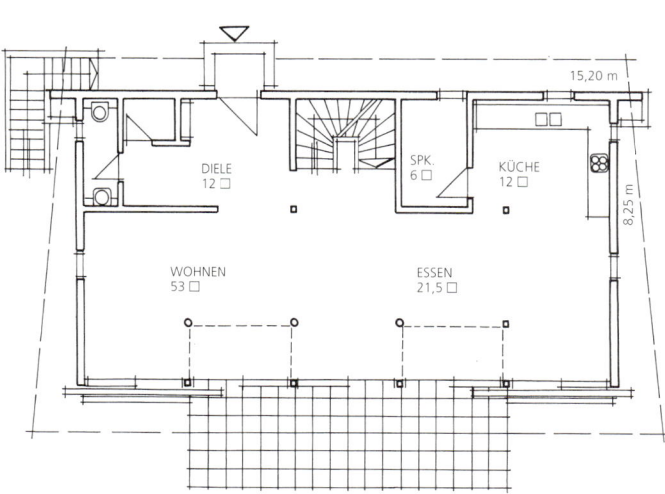

DIELE 12 ☐
SPK. 6 ☐
KÜCHE 12 ☐
WOHNEN 53 ☐
ESSEN 21,5 ☐
15,20 m
8,25 m

Durch & durch
transparent

Dass Holz-Architektur immer einen ländlich-rustikalen Touch haben muss, ist ein Märchen von vorgestern. Besonders im Zusammenspiel mit großen Glasflächen und einfachen Formen sind strenge Baukörper möglich, die durch ihre ungekünstelte Einfachheit überzeugen.

So sieht ein echter Wohn-Zwerg aus, mit Außenabmessungen von 6,19 x 13,06 Metern, die eher an ein Reihenhaus erinnern, ergänzt durch einen Eingangsvorbau mit Carport und Bürotrakt. Doch was sich von außen so unscheinbar präsentiert, entwickelt im Innern außergewöhnlichen Stil und Charme.

Durch den Vorbau wirkt der Baukörper von der Straßenseite aus zurückhaltend und unscheinbar, jedoch durch seine filigrane (schadstoffgeprüfte) Lärchenholzfassade nicht abweisend, sondern eher wie ein Teil der ländlichen Umgebung. Rundum bieten große Dachüberstände optimalen Schutz vor unerwünschter Sonneneinstrahlung sowie Witterungseinflüssen.

Das Holz ist mit einem doppelten umweltfreundlichen Farbanstrich geschützt. Der Anbau ersetzt den Keller und wird geschickt genutzt, um verschiedene Nutzräume unterzubringen: Links zwei kleine Verschläge für Müll und Reifen, rechts Abstellräume und die Haustechnik mit einer Luft-Wärmepumpe. Bemerkenswert und ganz zum Stil des sachlich funktionalen Entwurfs passend sind die Design-Eckfallrohre für die Dachentwässerung – eine eigene Entwicklung des Hausherstellers. Das Wasser vom Dach wird in den eigenen Bioteich geleitet. Betrachtet man den Entwurf von der Gartenseite, eröffnen sich faszinierende und ganz unerwartete Aus- und Einblicke: Zunächst fällt die komplett verglaste Giebelseite (mit Glas-U-Wert 0,9 W/m²K) ins Auge, die

Ungewöhnliche Architektur, die erst in der Dämmerung so richtig deutlich wird: Das Haus besteht praktisch nur aus einem einzigen Raum, der durch eine einzige Wand in gut funktionale Bereiche gegliedert wird.

durch einen extrem großen Dachüberstand gut beschattet ist. Auch die Traufseite weist entsprechend große Fensterflächen auf und wird durch ein transparentes Vordach geschützt. Das alles passt harmonisch und gekonnt umgesetzt zum außergewöhnlichen Charme des Hauses.

Erstaunen macht sich breit beim Betreten des Hauses: Zuerst fällt der Blick auf die filigrane, gleichsam frei „schwebende" Treppe entlang dem schmalen Raumteiler – der einzigen wirklichen Wand im Erdgeschoss. Witzige Idee des Architekten ist hier der Durchblick (Rundfenster) zum Essplatz. Das Ambiente des Erdgeschosses wird von der Kombination Holz, Glas und Sonne geprägt, ein unerwartetes Raumerlebnis bietet der Wohnbereich, der zur Hälfte bis unters Dach offen ist. Essplatz und Kochbereich erscheinen durch die verglasten Wände und großflächigen Fenster ebenfalls licht und überaus großzügig.

Das Büro im Anbau wird ergänzt durch ein Gäste-WC mit Dusche, so dass dieses Haus auch eine Option fürs Alter mit ebenerdigem Wohnen bietet. Im Dachgeschoss finden sich – ähnlich wie im Erdgeschoss – kaum einengende Wände.

Ein raffinierter Trick sind dabei die „Oberlichter" im Bad: Hier wurden die Umfassungswände nur auf etwa 220 Zentimeter Höhe gezogen, sind also nach oben offen. So ergeben sich interessante Ausblicke unters Dach.

Auch im Schlafzimmer liegt das Hauptaugenmerk auf Transparenz und Offenheit: Einerseits öffnet die Atelierverglasung den Blick nach draußen, andererseits besteht eine türlose Verbindung zur Galerie mit Luftraum über dem Wohnbereich. Einbauschränke und Regale unter der Schräge nutzen den Platz optimal aus.

Bemerkenswert an diesem „einfachen" Entwurf ist natürlich auch das ökologische Gesamtkonzept. Der Haushersteller verwendet als Wärmedämmung vollbiologische Hobelspäne (mit Soda und Molke behandelt als Brand- und Schädlingsschutz). Dazu eine Spezialschutzplatte gegen Elektrosmog. Neben der Wärmepumpe gehören auch Photovoltaik und Regenwassernutzung zur umweltschonenden Haustechnik dieses ganz nach ökologischen Gesichtspunkten geplanten und gebauten Hauses.

Leicht und grazil wirkt diese ungewöhnliche Treppen-konstruktion, die fast wie ein fliegender Teppich nach oben schwebt. Ein Rundfenster erlaubt den Blick auf die andere Seite der Wand.

Ein ungewöhnliches Wohnkonzept, bei dem Transparenz, Licht und Luft bis ins Detail durchgeplant sind: Im Bad sind die Wände nach oben offen, Schlafzimmer und Galerie gewinnen durch die Atelierverglasung.

Optimalen Schutz und exklusive Optik bietet der großzügige Dachvorsprung am Giebel und die traufseitige transparente Beschattung.

FAKTEN

Entwurf: Kundenentwurf von Baufritz in 87746 Erkheim.

Abmessungen: 6,19 (+ 4,00) x 13 m.

Konstruktion: Holzrahmenbauweise mit Blockbohlenwand, 135 cm Kniestock, 45 Grad Satteldach.

Wohnflächen: EG 90 m², DG 50 m².

Preis: Schlüsselfertig 260 000 € (2003), Ausbauhaus ab 129 350 €, jeweils ab Oberkante Keller.

Kontakt und Anschrift: Seite 125.

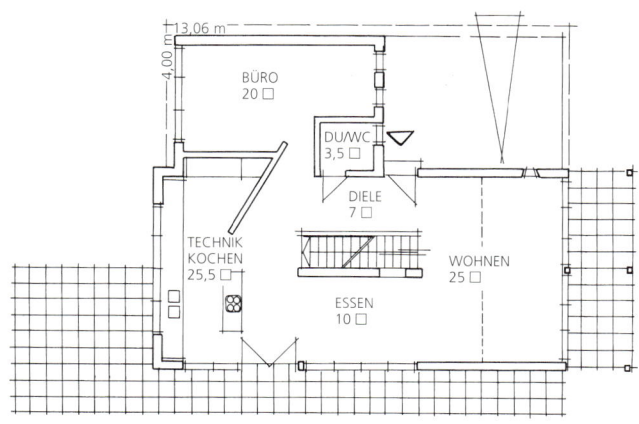

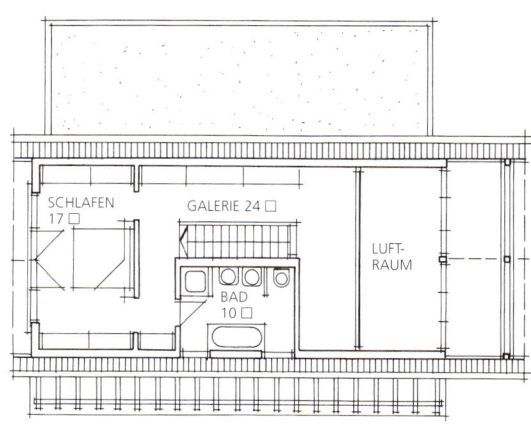

Ungewöhnlich
offenherzig

Große Glasfassaden, gut geschützt durch einen markanten Dachüberstand, signalisieren Offenheit. Ideal angepasst an die leichte Hanglage, wurde der Innenbereich mit versetzten Wohnebenen entsprechend transparent gestaltet.

Das markante Dach dieses Entwurfes in Mischbauweise wird man nicht so schnell vergessen: Immer wieder fällt der Blick auf das von einer filigranen Konstruktion gestützte weit überkragende Pultdach. Es ist Blickfang und funktionales Detail zugleich. Einerseits dient es als hervorragender Sonnenschutz für den zweigeschossigen Wintergarten im Obergeschoss und andererseits ist es auch Witterungsschutz für die davor liegende große Terrasse.

Materialmix (Putz und Holz) sowie vereinzelte Farbtupfer geben dem Entwurf etwas leicht Verspieltes, so dass der mächtige Baukörper mit seiner integrierten Garage fast in den Hintergrund gedrängt wird. Das eigentliche Wohngeschehen spielt sich natürlich im Erdgeschoss ab. Doch versetzte Ebenen (Split-Level) „verknüpfen" die einzelnen Bereiche und machen das Ganze transparent.

Nach amerikanischem Vorbild kommen Besucher vom Windfang aus direkt in den Wohnbereich, von dort aus reicht der Blick ins eigentliche Zentrum des Entwurfs, den tiefer gelegenen Essplatz und die offene Küche. Eine kleine Balustrade am Treppenabsatz im Obergeschoss ermöglicht optische und akustische Verbindung zum Schlafbereich. Entgegen dem ursprünglichen Plan wurde der Wintergartenbereich zugunsten eines weiteren Zimmers etwas verkleinert; eine zweiflügelige Schiebetür ermöglicht hier die „Verbindung zur Sonne".

Im Untergeschoss wurde neben einem großen Hobby- und Fitness-Bereich ein Gästezimmer mit eigenem Dusch-WC eingeplant.

Ein rundum spannender, abwechslungs-
reicher Anblick mit pfiffigen architektonischen Details und gekonnt eingesetz-
tem Materialmix.

Essplatz, Küche und Sitzplatz sind über
die Galerie zumindest optisch miteinan-
der verbunden. Trotz unterschiedlicher
Wohnebenen wurde hier ein gut struk-
turierter Wohn- und Kommunikationsbereich realisiert, bei dem auch Rück-
zugsmöglichkeiten vorhanden sind.

FAKTEN

Entwurf: Architekt Klaus Weller,
71554 Weissach im Tal.

Abmessungen:
14,61 x 10,80 m.

Konstruktion: Mischkonstruktion,
25 Grad Pultdach.

Wohnflächen:
UG 56 m², EG 102 m², DG 83 m².

Preis: Baukosten auf Anfrage direkt
beim Planer.

Kontakt und Anschrift: Seite 125.

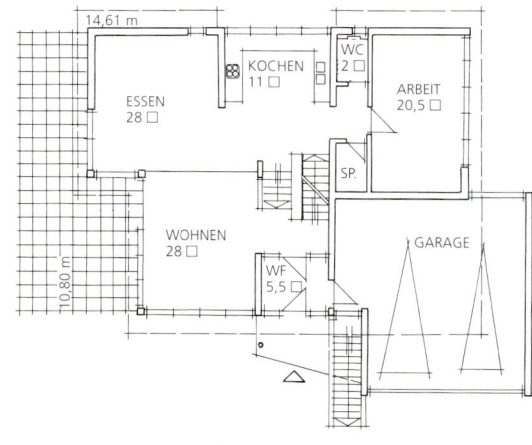

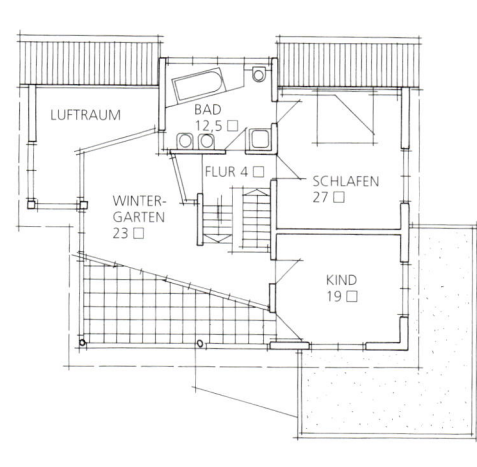

Wohnen im Grünen

Obwohl der Baukörper recht klein und kompakt ist, bietet er architektonisch eine ganze Menge Leckerbissen. Für die Baufamilie war es die Erfüllung ihres Wunschtraumes vom Wohnen inmitten von Natur.

Das Naturmaterial Holz dominiert den gesamten Wohnbereich, doch ockergelbe Wandflächen, Natursteine und Edelstahl setzen erholsame Akzente. Da und dort wird die Senkrechte durch Schrägen abgelöst, zum Beispiel an Fensterflächen, Stützen und Geländer.

Vorbild war die Natur, wo auch nicht alles nur senkrecht nach oben wächst. Für den Architekten ein Leichtes, verlangt doch die Statik beim Holzbau da und dort einen schräg gesetzten Balken. So wurde aus der Notwendigkeit ein gestalterisches Element. Von außen ersichtlich an dem leicht schräg gesetzten Wandvorsatz am Giebel und dem dreieckig vorgezogenen Wintergarten an der Traufseite. Auch bei der Gestaltung des Wohnbereichs wurde hier und dort die strenge Geometrie des rechten Winkels aufgehoben.

Zweites dominierendes Gestaltungsmerkmal sind die Fenster: Neben den „schrägen" Sonderformen finden sich auch schmale, im Giebel senkrechte und entlang des Firstbereichs waagrechte Fensterbänder. Letztere kommen dem Treppenhaus und den beiden Schlafräumen zugute. Da das Haus nicht ganz exakt nach Süden ausgerichtet ist, wurde die Glasfassade des Wohnbereichs etwas vorgezogen, so dass sie jetzt exakt nach Süden orientiert ist. Die senkrechten Fensterflächen haben dabei – dem Stil des Entwurfs entsprechend – einen kleinen „Überhang" nach außen. Insgesamt also ein sehr offenes und der Sonne zugewandtes Haus.

Ganz deutlich wird diese Transparenz im Erdgeschoss mit dem gut gegliederten Wohn-Esszimmer, der offenen Küche und einer Galerie im Dachgeschoss über dem Essplatz (Wintergartenbereich). Der dreieckige Kaminofen markiert hier die Trennung zwischen Alltag (rund um Küche und Esstisch) und gemütlicher Entspannung (Sitzecke).

Gut gelöst ist die Trennung zwischen Elternschlafraum mit Ankleide und Bad im Erdgeschoss und dem Kinderbereich im Dachgeschoss mit jeweils eigenem Bad. Das Ganze ist angelegt auf eine variable, sich je nach familiärer Situation ändernde Nutzung. Unter dem großen Pultdach des separaten Carport-Gebäudes findet sich ein weiterer hübscher Raum, der für vielfältige Nutzung zur Verfügung steht und über einen Steg vom Haus aus zu erreichen ist.

Der Carport selbst ist leicht versetzt zum Hauptgebäude errichtet und sorgt so für ein freundliches Eingangs-Ambiente.

Das architektonische Stilmittel der Schrägen findet sich überall im und ums Haus. Dadurch ergeben sich auch raffinierte und abwechslungsreiche Fensterformate.

FAKTEN

Entwurf: Kundenentwurf von Rolf Dan Projekt in 72525 Münsingen.

Abmessungen: 9,37 x 11,24 m.

Konstruktion: Holzskelett-Konstruktion mit versetztem Pultdach.

Wohnflächen: EG 90 m², DG 52,5 m².

Baukosten: Preis auf Anfrage beim Hersteller.

Kontakt und Anschrift: Seite 125.

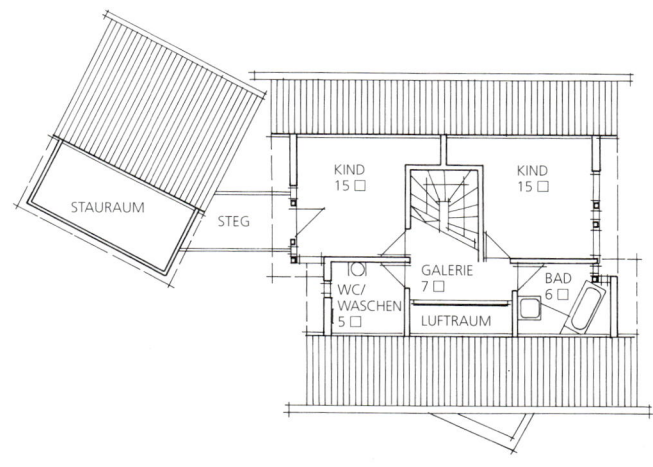

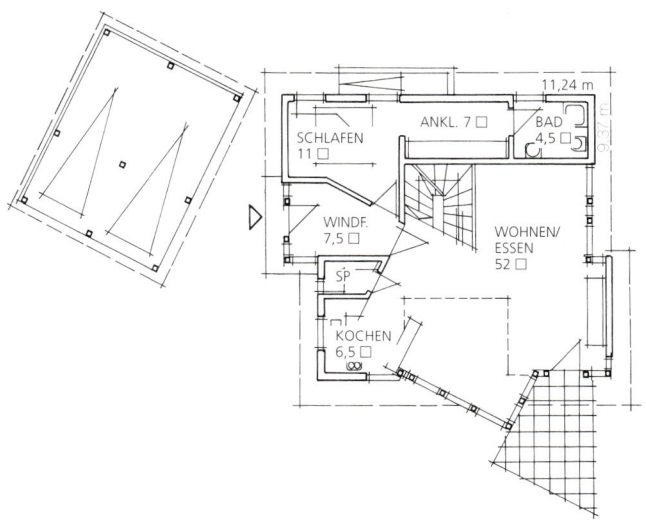

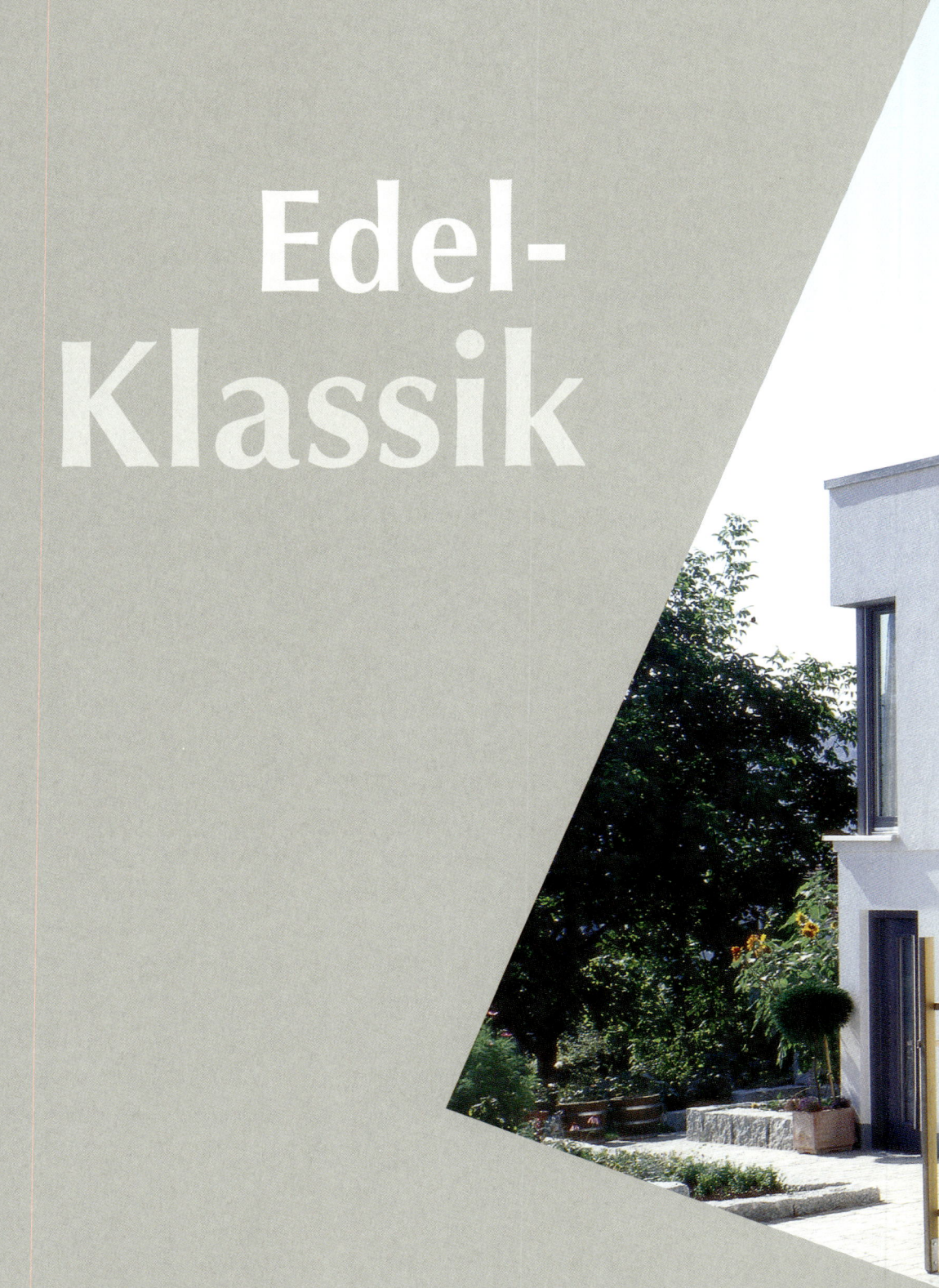

Edel-
Klassik

Villen für gehobene Ansprüche

Luxuriöse Domizile der Edelklasse haben schon immer im Fertigbau eine gewisse Tradition gehabt. Zugegeben, die Auswahl war nie besonders groß, aber man konnte fündig werden. Hinter der Bezeichnung „Landhaus" verbarg sich beispielsweise ein legendärer Entwurf der 70er Jahre eines Herstellers aus Norddeutschland, der mit Reet- oder Schieferwalmdach gebaut wurde, mit breiten Fledermausgauben (fast über die gesamte Breite des Hauses), einer weißen Kalksandstein-Fassade und natürlich mit Sprossenfenstern, Klappläden, Terrassentüren und einem mächtigen Kamin. Kurzum, das übliche Bild von einem Traumhaus. Ein Entwurf, der übrigens auch heute noch gebaut wird. Eine Villa, repräsentativ, mit Wohnfläche ohne Grenzen, den üblichen Attributen kostspieliger Wohnkultur, die natürlich

nur auf einem passenden Grundstück sich voll entfalten kann. Später kamen dann neue Entwürfe von weiteren Herstellern dazu, die mit Bezeichnungen wie „Residenz, Diamant, Palais" glänzten. Hinter diesen Produktnamen verbirgt sich eine neue Villen-Prächtigkeit, bei der zwar manchmal übertrieben, aber auch immer gezeigt wurde, dass es nach oben keine Grenzen gibt. Für den Fertigbau bedeuteten diese Entwürfe ein wichtiges Stück Selbstbewusstsein, zeigten sie doch, dass diese Branche mehr zu bieten hatte als nur Typenhäuser.

Villen-Architektur im Fertigbau, das bedeutete früher eher konservatives Formenverständnis, traditionelle Baukörper mit Imponiergehabe, manchmal sogar bis hin zum Show-Charakter,

kurzum, Häuser zum Vorzeigen, immer mit etwas nostalgischer Sehnsucht verbunden. Häuser im Retro-Look, die in einer reizüberfüllten Umwelt ein Gefühl von Ordnung und Geborgenheit vermitteln. Das Haus als Statussymbol, ein Objekt zum Vorzeigen, bei dem auch Rückschlüsse auf den Wohlstand der Bewohner erwünscht sind.

Betrachtungen, die heute nur noch eingeschränkt gelten. Anstelle der Üppigkeit ist die neue Einfachheit getreten, die Grundstückspreise sind explodiert, die Villen-Prächtigkeit findet zwar noch statt, jedoch eher eine Nummer kleiner. Domizile dieser Klasse fallen heute wesentlich grundstückssparender aus, neuerdings ist sogar von sogenannten Stadtvillen die Rede. Zweigeschossig, kompakt, mit viel Wohnfläche auf wenig Grund-

fläche. Erkennbar die Absichten der Planer, im urbanen Umfeld und auf teuren Grundstücken etwas von der früheren Prächtigkeit wieder aufleben zu lassen. Allerdings funktionsbetonter, auch unter dem Gesichtspunkt eines neuen Energiebewusstseins. Anmerkung: Eine klassische Landhaus-Villa in Passivhaus-Ausführung – auch dies ist heute möglich.

Positiv, dass freie Planer den Begriff der Villen-Architektur neuerdings sehr zeitgemäß und ohne nostalgische Schnörkel umsetzen. In Zusammenarbeit mit der Fertighaus-Industrie sind Entwürfe entstanden, die ohne Balustraden, Türmchen, Rundbögen, Säulen usw. auskommen, bei denen die Formensprache schon fast schlicht auffällt. Zugegeben, eine sehr sympathische Auslegung!

Planerische
Freiheit

Es gibt schwierige Grundstücke, regionale Besonderheiten und natürlich auch ungewöhnliche Bauherren-Wünsche, die verlangen einfach die Hand eines erfahrenen Architekten. Denn nur er ist in der Lage, alle Wünsche und Vorgaben erfolgreich unter ein Dach zu bekommen!

Ein annähernd dreieckig geschnittenes Grundstück mit fantastischem Ausblick inmitten eines grünen Wohngebiets: Eine der vielen Aufgaben des Architekten war es, hier eine fast intime Sonnenterrasse zu schaffen. Gelungen!

Über Windfang und Diele betritt man das Haus, das sich sofort mit seinen besten Eigenschaften präsentiert: Edle Farbharmonie, Licht und Schattenspiele und ein weiter Blick über Flur und Wohnbereich bis hinaus ins Gartengrün. Raumhohe Fenster und die Übereck-Verglasung im Wohnraum lösen die Grenzen zwischen Innen und Außen auf.

Licht von drei Seiten gibt dem großen Kommunikationsbereich (Wohnen, Kochen, Essen) über den Tagesverlauf ein ständig wechselndes Flair. Das ermöglicht Leben mit Sonne und Natur auf hohem Niveau.

Ein fast intimer, gut geschützter Sitzplatz inmitten eines grünen Wohngebiets. Auch hier bezaubert ein herrlicher Ausblick.

Hell und freundlich sind die Kinderzimmer; durch einen direkten Zugang zur Terrasse und eine zusätzliche Schlafgalerie sind sie besonders attraktiv.

Das Dachgeschoss bietet weit mehr als das übliche Schlafzimmer mit Arbeitsbereich. Die Galerie ist gleichzeitig Arbeitszimmer und Ort der Entspannung, denn die Atelier-Verglasung ermöglicht einen weiten Blick auf den Rand der Schwäbischen Alb, die Aussichtsterrasse lädt zum Sonnenbad ein.

Von der Straßenseite zeigt der Entwurf deutlich Anklänge an die Bauhaus-architektur. Im Untergeschoss liegt neben Haustechnik und Sauna auch eine Einliegerwohnung mit separatem Eingang.

Nicht selten verbirgt sich hinter einer ruhigen Fassade eine architektonisch faszinierende Lösung. Und manchmal kommen diese faszinierenden Lösungen auch durch schwierige äußere Umstände zustande. Für diesen Entwurf trifft beides zu: Das Grundstück war früher Garten des dahinter stehenden Hauses, daher erklärt sich sein dreieckiger Zuschnitt. Ein Haus mit üblichem rechteckigem Grundriss hätte hier bestimmt keinen Platz gefunden.

Damit sich das Haus optisch an den Hang schmiegt, erhielt das Wohnzimmer ein Flachdach; so ergab sich automatisch eine Dachterrasse vor der Galerie im Dachgeschoss. Zusammen mit der Atelierverglasung ist hier der „Aussichtsturm", die Oase der Ruhe und Entspannung des Hauses: Ungehindert kann der Blick über das eindrucksvolle Panorama der Schwäbischen Alb schweifen.

Dieser Ausblick sollte auch dem Nachbarhaus (also den ehemaligen Grundstücksbesitzern) nicht verbaut werden. Aus diesem Grund musste der aus Platzgründen unbedingt notwendige Querbau eingeschossig ausfallen. Er wurde, ebenso wie das Hauptgebäude, entlang der Baugrenze gebaut, woraus sich die etwas ungewöhnliche Grundrissform einer „1" ergab. Gleichzeitig hatte dies natürlich auch Auswirkungen auf die Raumformen, so dass zumindest eines der Kinderzimmer recht ungewöhnlich geschnitten ist. Eine Schlafgalerie gleicht jedoch die hierdurch etwas eingeschränkten Möblierungsmöglichkeiten aus und macht die Zimmer für die Kinder besonders attraktiv.

Kinder- und Elternbereich wurden auf Wunsch der Baufamilie räumlich voneinander getrennt, wobei es ihr wiederum wichtig war, dass die Kinder einen bequemen Zugang zu Garten und Terrasse bekommen. Selbstverständlich war auch ein großer Terrassen-Sitzplatz vor dem Wohnbereich Bedingung.

Die Baufamilie ist mit dem Ergebnis, aber auch mit der Planung und Abwicklung, hoch zufrieden.

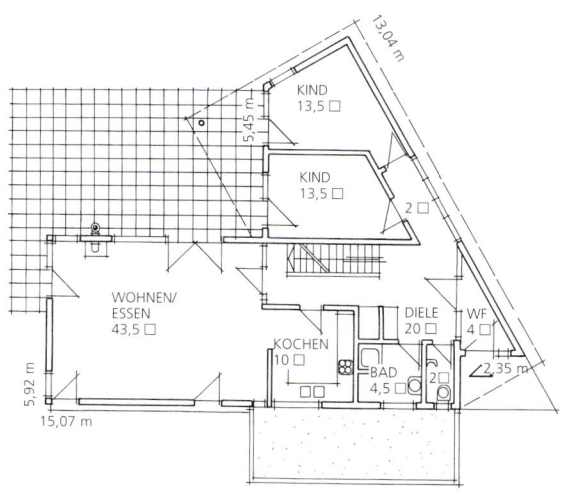

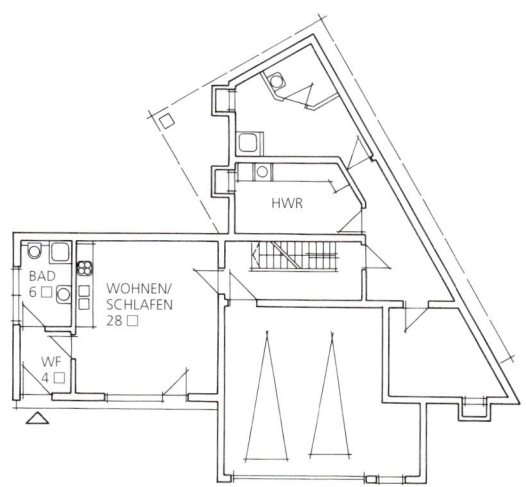

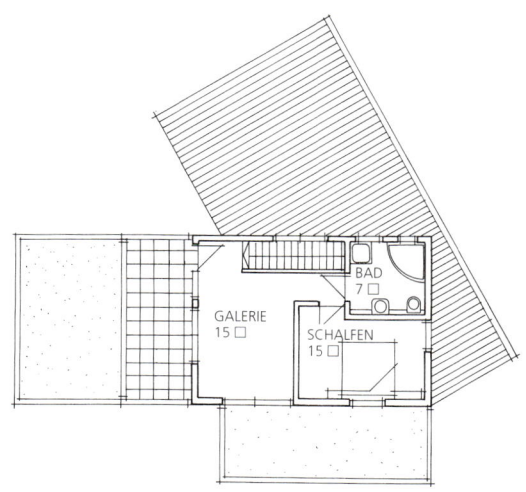

FAKTEN

Entwurf: Kundenentwurf von Baukunst Philipphaus in 74547 Untermünkheim.

Abmessungen: 15,07 x 13,15 m.

Konstruktion: Holzverbundkonstruktion mit Putzfassade, Flachdach und 16 Grad Pultdach.

Wohnflächen: Einlieger 38 m², EG 112 m², DG 36,5 m².

Baukosten: Auf Anfrage beim Hersteller.

Kontakt und Anschrift: Seite 125.

Landhaus im Villen-Stil

Sie verlieren garantiert jede Wette mit der Behauptung, ein Energiesparhaus oder gar ein Passivhaus könnte man auf den ersten Blick erkennen. Sie sind nämlich weder architektonischer Einheitsbrei noch „hässliches Entchen", sondern so individuell wie Planer und Baufamilien.

Bei der Planung stand für die Familie von vornherein fest: Ihr neues Zuhause sollte klar strukturiert sein und noble Eleganz ausstrahlen. So entstand ein schnörkelloser ausgewogener Baukörper, der durch seine Kubatur und das flache Walmdach an eine klassische römische Villa erinnert.

Der Grundriss mit doppeltem Winkel umschließt von drei Seiten eine großzügig dimensionierte Terrasse, die von allen wichtigen Räumen des Hauses betreten werden kann. Für Wohnlichkeit und lichtdurchflutete Zimmer sorgen die raumhohen Fensterelemente, die gleichzeitig auch die „Brücke" zur Natur darstellen. Dunkle Holzklappläden geben dem Ganzen ein freundliches Aussehen.

Da die Winkelarchitektur größere Wärmeverluste mit sich bringt, war eine erhöhte Wärmedämmung unverzichtbar: in der Außenwand 36 Zentimeter, unterm Walmdach sogar 48 Zentimeter, dazu Spezialfenster mit Dreifach-Isolierverglasung ($U = 0{,}8$ W/m^{2}K) und wärmegedämmtem Rahmen ($U = 0{,}6$).

Selbstverständlich ist die kontrollierte Lüftung mit Wärmerückgewinnung. Dadurch wurde der Jahresheizwärmebedarf auf nur 1,5 Liter Heizöl pro Quadratmeter gesenkt – und das entspricht dem Passivhaus-Standard!

Mehr als nur Verkehrsweg ist der Wohnflur im Dachgeschoss.

Der zentrale Wohnbereich mit Küche und Essplatz lässt sich bei Bedarf mit Schiebetüren funktionsgerecht teilen. Von allen Räumen ist ein direkter Zugang nach draußen möglich; unterm Dach geht's auf Terrasse und Balkon.

FAKTEN

Entwurf: „Villa Mediterrana" von Keitel-Haus in 74585 Rot am See.

Abmessungen: 19,14 x 14,68 m.

Konstruktion: Holzverbundkonstruktion, 25 Grad Walmdach.

Wohnflächen: EG 101 m^2 (+ Einlieger 63 m^2), DG 124,5 m^2.

Preis dieses Entwurfs: Ausführliche Preisangaben beim Hersteller.

Kontakt und Anschrift: Seite 125.

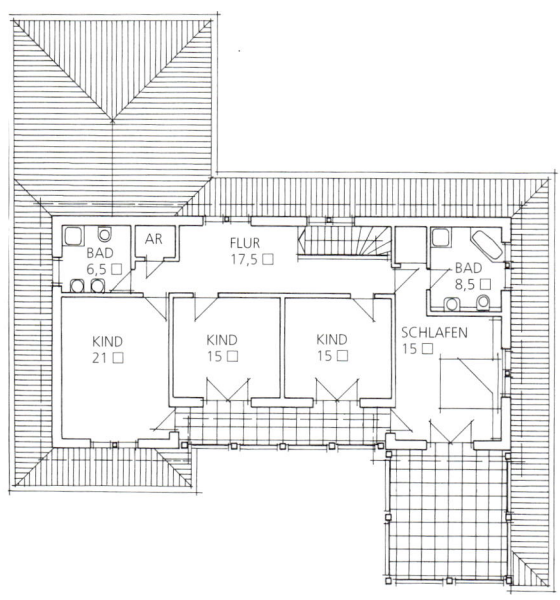

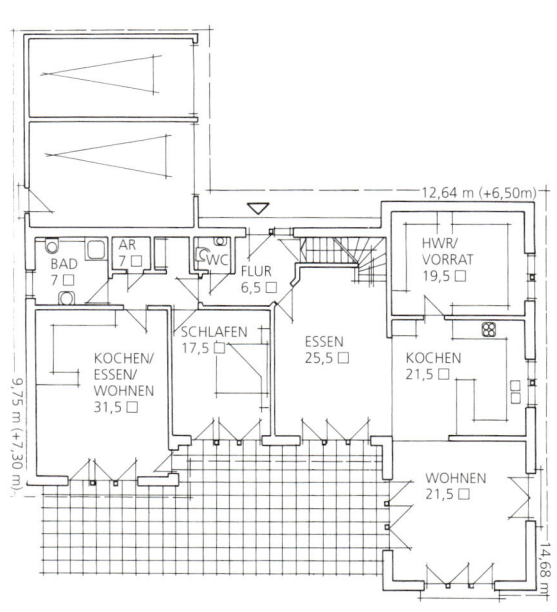

Die Buddha-Statue direkt neben der Haustür weist den Weg: Wer sie beim Eintreten berührt, betritt das Haus der Familie Li „ohne Sorgen und verlässt es wieder mit einem Lächeln auf dem Gesicht." Doch sicher liegt es nicht allein an der Buddha-Statue, sondern auch am Haus selbst. Allein die Lage inmitten eines kleinen Parks, umgeben von altem Baumbestand, erfreut den Besucher. Geplant wurde eine echte Stadtvilla in der typisch kubischen Form mit zwei Vollgeschossen und einem ausgebauten Dachgeschoss.

Der repräsentative Eingang, der schon am Gartentor auf sich aufmerksam macht, wird durch ein mit kräftigen Säulen gestütztes Satteldach geschützt. Bei der darüber liegenden Treppenhausgaube wird dieses Satteldach wiederholt, während die beiden anderen Dachgauben ein schmuckes Tonnendach erhielten, jeweils mit kleinem Balkon und filigranem Metall-Geländer.

Östliches Ambiente –
klassischer
Stil

Selten findet man eine so ausgewogen klassische Architektur wie bei dieser attraktiven Stadtvilla. Wer genau hinschaut wird auch die gelungene Symbiose von östlicher und westlicher Lebensweisheit erkennen können.

Nach chinesischer Überlieferung sollen die Wohnräume im Interesse größtmöglicher Stabilität den Kontakt zur Erde haben. Mit zahlreichen Fenstertüren wird darüber hinaus der Kontakt zur Natur gesichert; so sorgt Licht von drei Seiten für ein wohnliches Ambiente.

Das harmonisch abgestimmte Erscheinungsbild wird wesentlich mit geprägt durch die Symmetrie des Baukörpers, die dezente Farbgebung und wenige Accessoires wie die weiß eingefassten, sprossenverglasten Fenstertüren und die zwei groß dimensionierten Balkone mit Säulen-Brüstung.

Der Hausherr ist praktizierender chinesischer Mediziner und so steckt der ganze Entwurf selbstverständlich voll von östlicher Symbolik und Weisheit. Er ist nicht nur nach persönlichem Geschmack und Bedürfnissen geplant, sondern auch nach den Regeln von Feng Shui, der Lehre vom gesunden Wohnen. Dazu gehört, so Dr. Li, natürlich auch ein Holzhaus, das „mit seiner besonderen Atmosphäre Beschwerden wie Arthrose, Rheuma oder Herz-Kreislauf-Erkrankungen lindern kann." Übrigens: Das grüne Dach war zwingend, denn laut Feng Shui steht diese Farbe für die Natur. Und der Architekt schaffte es dann auch, dies gegenüber den Behörden durchzusetzen. Die Dachform soll das Haus wie eine kleine Oase schützen und eine angenehme Atmosphäre sichern.

Die Raumnutzung ist etwas ungewöhnlich, entspricht jedoch der chinesischen Lehre: Die Praxisräume des Hausherrn liegen im mittleren Geschoss, ideal platziert, denn die Mitte steht für das Leben und das Gleichgewicht der Kräfte Ying und Yang.

Dass die Wohnräume der Familie im Erdgeschoss liegen, ist ebenfalls kein Zufall, denn nach chinesischer Überlieferung sollen sie den Kontakt zur Erde im Interesse einer größtmöglichen Stabilität haben. Ganz oben liegen die Schlafräume, denn „sie sollen den Kontakt zum Himmel nicht verlieren." Auch die Raumausrichtung und die Skulpturen im Garten haben eine wichtige Funktion, die sich allerdings nur dem Eingeweihten erschließt.

Dennoch kamen bei dieser klassischen Stadtvilla, neben der östlichen Weisheit und Harmonie auch die Wohnträume von Ehefrau Miriam und Söhnchen William nicht zu kurz.

FAKTEN

Entwurf: Kundenhaus nach Feng Shui von Weber Haus in 77866 Rheinau-Linx.

Abmessungen: 11,50 x 10,00 m.

Konstruktion: Holzverbundkonstruktion, 38 Grad Zeltdach.

Wohnflächen: EG 101 m², OG 98 m², DG 53 m².

Preis dieses Entwurfs: Auf Anfrage beim Hersteller.

Kontakt und Anschrift: Seite 125.

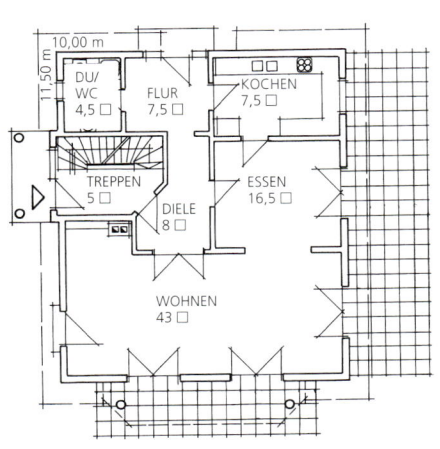

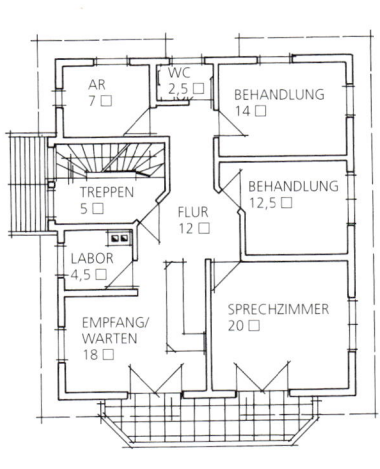

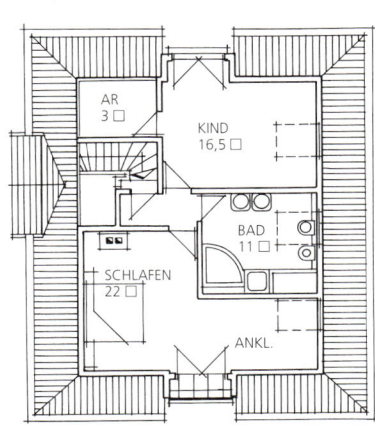

Schräg-
Lage

Die Aussicht ist inklusive
Wohnen am Hang

Grundstücke in Hanglage sind begehrt, teuer und je nach Region ziemlich selten. Über die Gründe muss nicht spekuliert werden. Das Gefühl von Weite, der Blick ins Tal oder zum Horizont motiviert viele Bauherren, etwas tiefer in die Tasche zu greifen. Was nicht nur für das Grundstück gilt, sondern auch für das Haus. Denn Tatsache ist, dass das Bauen am Hang mit höheren Kosten verbunden ist als in topfebener Lage. Die Schräge verursacht erhebliche Mehrkosten und belohnt das finanzielle Engagement mit einer Reihe von Vorteilen.

Mit Lösungen von der Stange kann man am Hang keinen Blumentopf gewinnen, denn jeder Hang stellt sich anders dar. Auf die Topografie kommt es an, die Neigung des Geländes bestimmt die Architektur. Liegt das Gefälle über fünfzehn Prozent, dann wird's schwierig für ein Wohnhaus, denn zu berücksichtigen ist, dass das Gelände drumherum nicht mehr nutzbar ist. Das Einziehen von Terrassen, die Erschließung mittels aufwändiger Treppenanlagen haben schließlich auch Grenzen der Wirtschaftlichkeit. Außerdem: Es gilt das Haus dem Hang anzupassen und nicht umgekehrt. Man sollte daher nicht versuchen, das vorhandene Gelände zu modellieren, sondern der engagierte Planer wird immer bestrebt sein, den Baukörper so zu integrieren, damit er nicht wie ein Fremdkörper wirkt.

Bauen am Hang beginnt bei der Grundstücksuntersuchung (Bodengutachten), beinhaltet u. U. umfangreiche Stützmauern und erfordert umfangreiches planerisches Können. Erfolgt die Erschließung hang- oder talseits? Die Zufahrt von oben ist ein-

facher zu gestalten. Von unten geht's nur über zig Stufen, was im Winter und im späteren Alter nicht sehr kommod ist. Soll das Hanggeschoss für eine separate Wohneinheit genutzt werden? Der teils freigestellte Keller bietet sich für eine solche Lösung geradezu an. Kostensparend wirkt sich eine Teilunterkellerung aus, denkbar sind auch Einzelfundamente mit Stützen. Wer ein Grundstück in der zweiten Reihe erwirbt, der wird an einer Fertigbauweise nicht vorbeikommen. Eine Bauweise, die sich besonders lohnt, denn mittels Kran können die einzelnen Elemente problemlos über die Häuser der ersten Reihe hinweggeschwenkt werden, so dass die Montage kaum länger dauert als auf der Ebene. Bei vielen Hanggrundstücken übrigens die einzig wirtschaftliche Lösung.

Mit versetzten Geschossen wird der Planer versuchen, die Höhenunterschiede im Haus in den Griff zu bekommen. Versetzte Pultdächer passen sich dem Gefälle an, mit Terrassen,

Balkone wird talseits der Höhenunterschied überbrückt und die Fassade gegliedert. Bestreben wird sein, auf der sonnigen Südseite möglichst viele Räume unterzubringen, um von hier aus das Panorama genießen zu können. Der Ausrichtung des Gebäudes kommt daher am Hang eine besondere Bedeutung zu.

Häuser am Hang sind immer Einzelplanungen, auch im Fertigbau. Das klappt nur unter Berücksichtigung der bauplatzspezifischen Gegebenheiten. Alles andere funktioniert nicht. Zu berücksichtigen ist außerdem, dass Treppensteigen ganz einfach dazugehört, im und außerhalb des Hauses. Der Lohn für diese Strapazen: Die Aussicht ist immer inklusive!

Spiel
mit Würfeln

Ein klares Bau- und Architekturkonzept, flexibel zu nutzende Räume und der gezielte Einsatz verschiedener Baustoffe kennzeichnen den Entwurf. Der holzverkleidete Wohn-Kubus schwebt überm Tal und verwirklicht fast den Wunsch der Bauherrin: „Abheben und Fliegen…"

Als die Bauherrin zum ersten Mal auf diesem Baugrundstück stand, wollte sie „abheben und fliegen": Vor ihr lag ein nach Süden geöffnetes weites Tal. Dieses Gefühl des Abhebens wurde vom Architekten voll übernommen. Nähert man sich dem Haus von der nördlichen Seite, erscheint es zunächst als geschlossener formklarer Kubus, den ein undurchsichtiger Metallgitterrost wie eine durchgehende Haut umspannt. Er dient als fester Sonnenschutz, mit dem zugleich eine festgesetzte Traufhöhe eingehalten wird. Je näher man dem Gebäude kommt, desto durchlässiger wirkt dieser Rost und steht so in einem spannungsgeladenen Materialkontrast zum Holzkubus des Eingangsbereichs und der darunter liegenden Kinderzimmer. Im Gebäude selbst vollzieht sich dann der Wandel zur totalen Transparenz, denn die gläserne Südfassade ermöglicht eine atemberaubende Aussicht ins Tal.

Das Haus wird den drei völlig verschiedenen Nutzungsbedürfnissen der Familie voll gerecht. Der Bauherr, ein engagierter Unternehmensberater, brauchte ein großes Büro (Untergeschoss).

Für die Ehefrau, Musikpädagogin und Pianistin, war es hingegen wichtig, im Haus nicht nur Musikunterricht, sondern auch Konzerte geben zu können. Das Musikzimmer im dunkelgrau verputzten Kubus kann auf den gesamten Wohnbereich erweitert werden. Für die beiden Söhne wurde ein Umfeld mit familiärer Wärme geschaffen: Sie bekamen ihr eigenes Reich unterm Dach mit separaten Balkonen und einer Lesegalerie über dem Foyer.

Die flexible Wohnraum-Nutzung wurde bei diesem Entwurf ausdrücklich verlangt, ebenso die sichtbare Konstruktion. Das spannungsvolle Spiel der Schichten, des Außen-, Zwischen- und Innenraums, Transparenz und das Erlebnis, über dem Tal zu schweben, ist so in allen Facetten erlebbar.

Passive Solarnutzung, Solarkollektoren, Be- und Entlüftungsanlage mit Wärmerückgewinnung gehören natürlich zum Gesamtkonzept.

Dass dieser Baukörper gut 20 Meter lang ist, fällt nirgendwo auf. Spannende Details wie der Gitterrost vor dem Kniestock, funktionale Wandversätze und unterschiedliche Baumaterialien sorgen für eine lebendige, abwechslungsreiche Fassade.

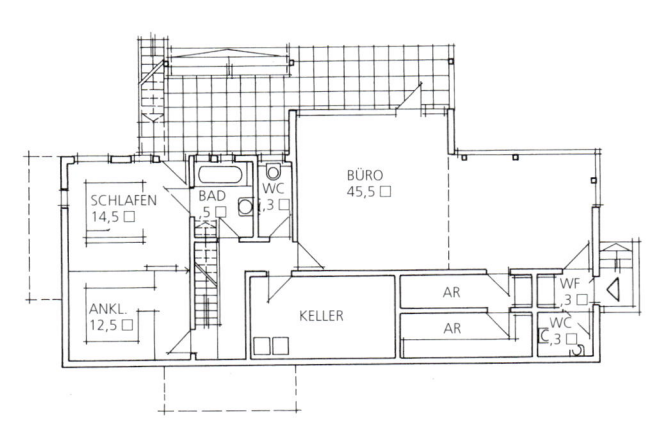

FAKTEN

Entwurf: Kundenentwurf von Baukunst Philipphaus in 74547 Untermünkheim.

Abmessungen: 9,64 x 20,78 m.

Konstruktion: Holzverbundbauweise, 35 Grad Satteldach.

Wohnflächen: (UG 150 m²), EG 133 m², DG 75 m².

Preis dieses Entwurfs: 370 000 € inkl. Untergeschoss-Planung (2002).

Kontakt und Anschrift: Seite 125.

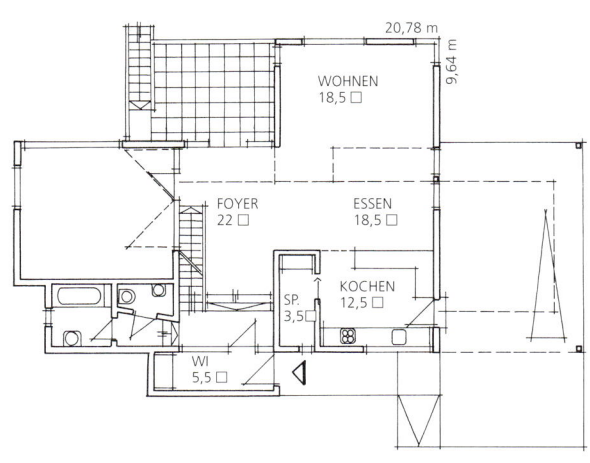

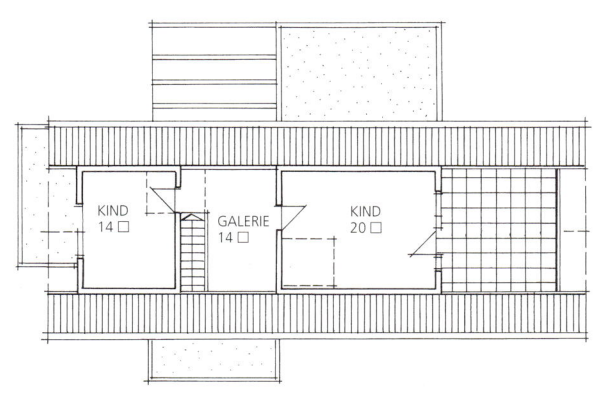

Ein
echter **Klassiker**

Wohnen und Arbeiten unter einem Dach wurde bei diesem frei geplanten Hanghaus hervorragend gelöst. Zum unverzichtbaren Herzstück ist für die Baufamilie die teilüberdachte und kaum einsehbare Terrasse mit ihrem schönen Ausblick geworden.

Berufstätigkeit und Familie war für das kinderlose Paar kein Problem – bis die Kinder kamen. Dann wollte die Ehefrau, von Beruf Zahnärztin, gerne zu Hause arbeiten. Das Traumhaus war schnell gefunden: „First Class" von Platz gefiel sofort auf Grund seiner großzügigen und eindrucksvollen Architektur.

Gemeinsam mit dem Firmen-Architekten entwarfen die Bauinteressenten dann ihr ganz individuelles Haus. Das Konzept fürs „Wohnen und Arbeiten" sah zwei getrennte Wohneinheiten vor (eine davon für die Praxisräume), die zwar zusammengehören, aber dennoch getrennt sind.

Da auch an die Zukunft gedacht wurde, war der Fertigbau in Holztafelbauweise ideal: Wenn die Praxis später nicht mehr genutzt werden sollte, können ohne Probleme Wände versetzt werden, um die Raumaufteilung der neuen Situation anzupassen.

Ein relativ kleines Baufenster zwang dazu, jeden Quadratmeter optimal zu nutzen. Deshalb entschloss man sich, bis an die Bebauungsgrenze zu gehen, d. h. die Garagen durften nicht überbaut werden. Die Hanglage mit fantastischem Ausblick ermöglichte jedoch elegante und faszinierende Lösungen: Ein Steg führt vom Schlafzimmer direkt ins Grüne und der große teilüberdachte Südbalkon bietet bei fast jeder Wetterlage Erholung und entspannende Aussicht.

Aus Platzgründen gibt es für Wohnung und Zahnarztpraxis einen gemeinsamen Hauseingang. Auf dieser Ebene liegen auch die Schlafräume der Kinder, während der Wohnbereich über eine innenliegende Treppe erreicht wird. Dank der Glaskuppel im Walmdach sowie großer Fenster wird das Obergeschoss hervorragend belichtet. Eine kleine Tonnengaube bringt zusätzliche Lichteffekte und setzt auch von außen einen optischen Akzent.

Hochformatige Fenster, eine Tonnengaube und die Glaskuppel im Walmdach schaffen helle und lichte Räume. Eine besondere Attraktion ist der Steg vom Schlafzimmer aus direkt ins Grüne, auf den die Baufamilie mittlerweile nicht mehr verzichten möchte.

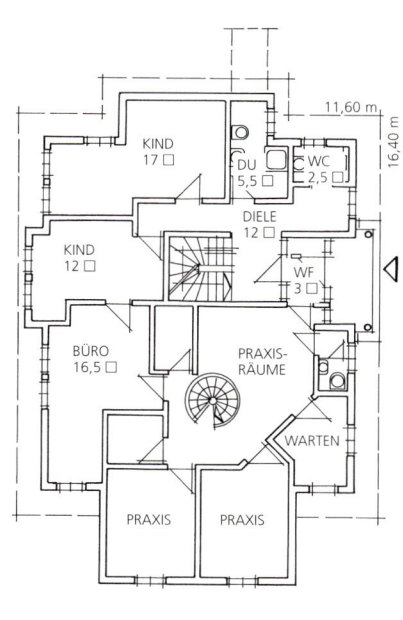

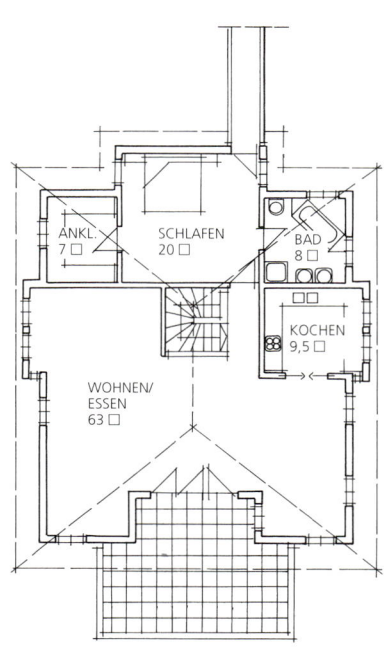

FAKTEN

Entwurf: „First Class" von Platz-Haus in 88348 Bad Saulgau.

Abmessungen: 16,39 x 11,01 m.

Konstruktion:
Holzverbundkonstruktion, 20 Grad Walmdach mit Glaskuppel.

Wohnflächen: EG 74 m² (ohne Praxis-räume), OG 120,5 m².

Preis: Auf Anfrage beim Hersteller.

Kontakt und Anschrift: Seite 125.

Wohnen im Weinberg

Das Grundstück hatte es der Baufamilie sofort angetan: Ein steiler sonnenbeschienener Hang mit unverbaubarer Aussicht auf die Schwäbische Alb, inmitten alter Baumbestände und Weinberge. Der einzige Nachteil war, das Grundstück war schon bebaut – und nicht nach dem Geschmack und den Bedürfnissen der Bauinteressenten.

So entschied man sich, das alte Haus abzutragen, das massive Untergeschoss jedoch als Fundament fürs neue Haus stehen zu lassen. Hier liegt heute eine Einliegerwohnung, die durch einen Lift auch altengerecht konzipiert wurde. Ein kleiner Wintergarten und ein doppelt so großes Terrassendeck (durch die zusätzliche Holz-Stahlkonstruktion) erhöhte den Wohnwert, denn oft ist ja im Hanghaus gar keine direkte Gartennutzung möglich. Bevor der eigentliche Neubau begonnen werden konnte, wurde auf dem Untergeschoss ein Zwischengeschoss mit 130 Zentimetern Raumhöhe errichtet, wo nun ein großer Teil der Haustechnik

Normalerweise wird auf so steile Grundstücke im Schwäbischen Wein angebaut; daran erinnern die neuen Reben, die der Hausherr gepflanzt hat. Das vorgelagerte Terrassendeck schwebt auf einer Stahlkonstruktion hoch überm Hang: Ein Platz mit fantastischer Aussicht!

untergebracht werden konnte. Ein kleiner optischer Witz ist die in diesem Zwischengeschoss platzierte „Ausgrabungsstätte", die von der Eingangsdiele aus über eine im Boden eingelassene Glasplatte zu besichtigen ist.

Aus statischen Gründen entschied sich der Architekt, das Obergeschoss mit Holzverbundwänden (Fertigbauteilen) und einer Raumhöhe von 260 Zentimetern zu errichten. Das Gebäude erhielt ein Flachdach mit Begrünung. Im Bereich des Flurs zieht sich ein nach Norden hin schräg aufgestelltes Oberlichtband über die gesamte Gebäudebreite (von der Treppe bis ins Schrankzimmer) und bringt so viel Licht in diesen ansonsten fensterlosen Teil des Hauses.

Der mit seiner großen Terrasse weit ins Tal reichende Baukörper ist im Südbereich vollflächig verglast, die Aussicht bei jedem Wetter überwältigend. Der vorgelagerte Wintergarten ist als Aluminiumkonstruktion ausgebildet und erhielt einen außenliegenden Sonnenschutz. Der Entwurf nutzt das Grundstück in voller Breite, da beide Garagen in Grenzbebauung errichtet werden konnten. Die Begrünung der Grenzwände erfolgte natürlich mit wildem Wein. Eine Dachbegrünung war selbstverständlich, so wie das ganze Haus nach weitgehend ökologischen und Energie sparenden Prinzipien gebaut wurde. Dazu gehören Solarkollektoren, Photovoltaik, eine kontrollierte Lüftung mit Wärmerückgewinnung sowie ein neuer Vollwärmeschutz fürs Untergeschoss.

Der Wohnbereich ist ein einziger großer Wintergarten mit fantastischer Aussicht. Ungewöhnlich auch die Konstruktion der offenen Kamin-Feuerstelle. Deutlich sichtbar ist das Oberlichtband und dahinter die aufgeständerte Solaranlage.

FAKTEN

Entwurf: Architekturbüro Klarmann in 72555 Metzingen.

Hersteller: Schwabenhaus in 36266 Heringen.

Konstruktion:
Holzverbundkonstruktion, Flachdach.

Abmessungen:
ca. 14,50 x 17,00 m.

Wohnflächen:
UG 101 m², OG 207,5 m².

Preis dieses Entwurfs:
Der Preis ist direkt beim Hersteller zu erfragen.

Anschrift und Kontakt: Seite 125.

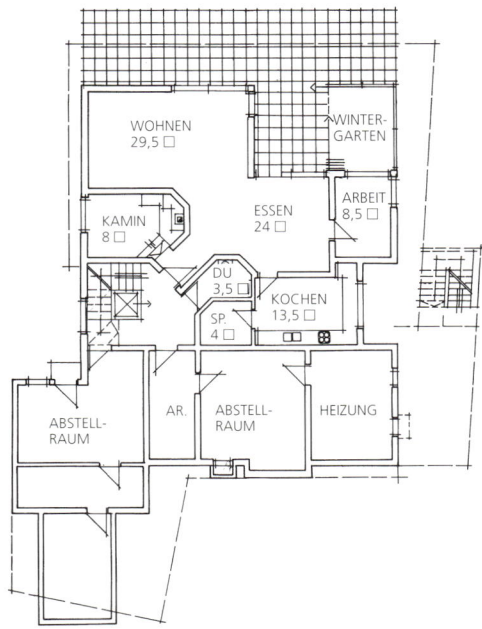

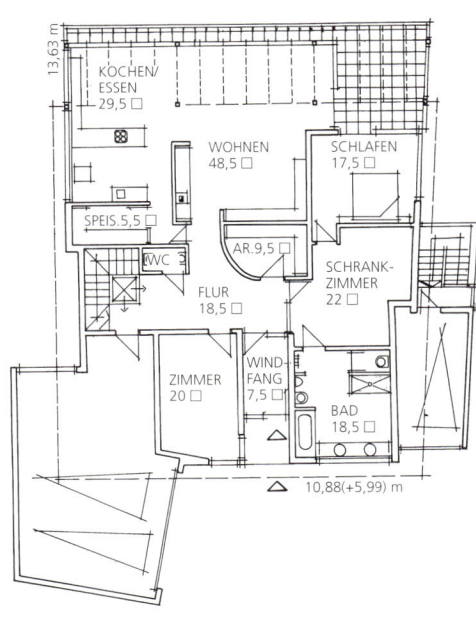

Alles offen und dennoch gut gegliedert präsentiert sich der Wohnbereich mit Küche und Eingangsdiele. Praktisch ist die Abstellkammer in der Küche (spart Wege in den Keller) sowie die Garderobe im Treppenhaus. Ein großer umlaufender und teilweise überdachter Balkon ersetzt den fehlenden direkten Gartenzugang.

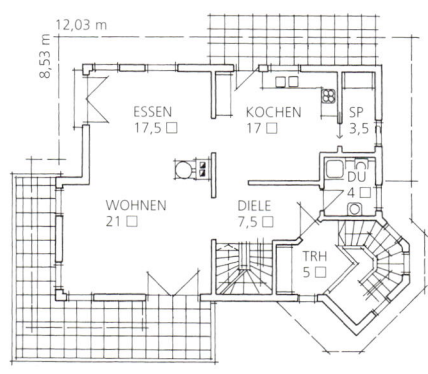

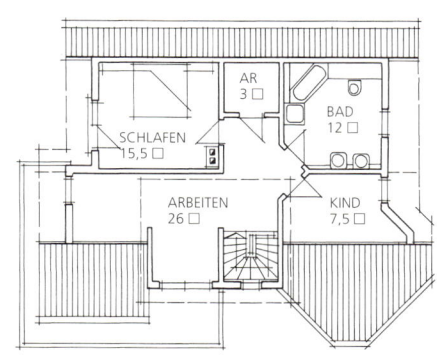

Reizvolles **Spiel** mit dem **Dach**

Der Hang bietet den Planern reiche Gestaltungsmöglichkeiten. Doch es müssen wirklich nicht immer versetzte Wohnebenen sein oder ein terrassiertes „Zerlegen" des Baukörpers. Dieser Entwurf wurde ganz ohne diese architektonischen Kunstgriffe problemlos ans Gelände angepasst. Die Pultdächer nehmen dabei die Hangneigung auf und deuten versetzte Baukörper an. Zweites gestalterisches Element ist der optisch abgesetzte Treppenturm, dessen Fenster der Hangneigung folgen. Hier liegt im Untergeschoss der Eingang für die Haupt- und Einliegerwohnung.

Um mehr Wohnfläche zu erhalten und den Blick ins Tal richtig genießen zu können, wurde im Dachgeschoss eine Gaube gebaut. Unterschiedliche Fensterformate nehmen dem Baukörper seine Strenge, so dass er angenehm locker und leicht verspielt wirkt. Der offene Wohnbereich wird durch wenige Wandscheiben klar gegliedert; die Räume im Dachgeschoss reichen bis unter den First und sind dank des Oberlichtbandes bestens belichtet.

FAKTEN

Entwurf: Individueller Entwurf von Frammelsberger in 77704 Oberkirch.

Abmessungen: 12,03 x 8,53 m.

Konstruktion: Holzverbundkonstruktion, 40 Grad versetzte Pultdächer.

Wohnflächen: EG 77 m^2, DG 64 m^2.

Preis dieses Entwurfs: Ausbauhaus ab 166 380 €, schlüsselfertig 216 400 €, jeweils ab Keller (2004).

Kontakt und Anschrift: Seite 125.

Perfekte
Steilvorlage

Ebenerdiges Wohnen am Hang: Mit
großzügigen Terrassen und Balkonen
wurde dieses Haus perfekt in die
Schräge integriert. Der herrliche Blick
in die freie Natur wird im Innern des
Hauses ergänzt durch eine konsequent
ökologische Bauweise und gemütliches
Ambiente.

Entwurf: Individueller Entwurf von Baufritz in 87746 Erkheim.

Abmessungen: 10,00 x 11,80 m.

Konstruktion: Zweischalige Blockbohlen-konstruktion mit Hobelspandämmung, 45 Grad Satteldach.

Wohnflächen: EG 93,5 m², DG 74 m².

Preis dieses Entwurfs: Auf Anfrage beim Hersteller.

Kontakt und Anschrift: Seite 125.

Eine Terrassierung mit Stützmauer am Haus-eingang sorgt trotz Hanglage für einen eben-erdigen Gartenzugang (rechts).
Aussicht genießen beim Kochen; die Übereck-Verglasung in der Küche macht's möglich.

Schöner kann ein Grundstück kaum sein: Ein sonniger Südhang mit freiem Blick auf Wiesen, Obstbäume und den Waldrand. Das einzige Erschwerende war die steile Hangneigung, bei der sich ein terrassiertes Bauen angeboten hätte. Doch die Baufamilie wollte sich, mit Blick aufs Alter, das ständige Treppensteigen ersparen. Andererseits wollte sie jedoch auf eine intensive Gartennutzung auch nicht verzichten. So strebte man eine Lösung an mit großen Balkonen und einem maßvoll terrassierten Gelände.

Ein Kellergeschoss war unverzichtbar; hier wurde neben Nutz- und Hobbyräumen eine Doppelgarage integriert. Die Hauptwohnung liegt im Erdgeschoss und wird über die außen liegende Treppe erreicht. Dezent wurde hier der Hang angeböscht und mit einer Mauer abgestützt, so dass sich ein Gartensitzplatz direkt vor der Haustür ergab. Auf der anderen Giebelseite liegt der große weitgehend überdachte Freisitz vor dem Wohnraum – also Gartenambiente zur Genüge! Gewollter Nebeneffekt: Der Baukörper schmiegt sich harmonisch in die Hanglandschaft ein.

Die großzügige Einliegerwohnung im Obergeschoss wurde mit zwei Giebelbalkonen geplant, so sind auch hier Aussicht, Luft und Sonne garantiert. Konsequent ökologische Baumaterialien wie Holzwände mit Hobelspandämmung, Elektrosmog-Schutzplatte und ein zweifacher umweltfreundlicher Farbanstrich runden diesen gelungenen Entwurf auch nach innen hin ab.

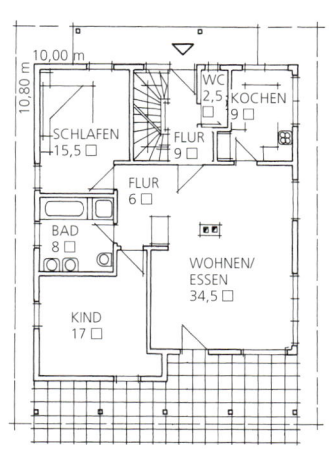

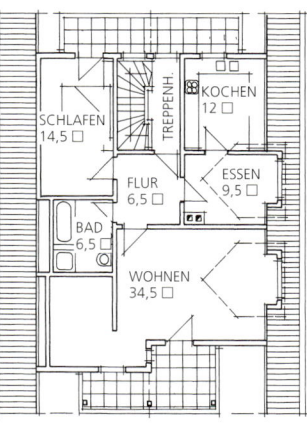

Spiel-
regeln

Reproduzierbare Qualität
Bauen mit System

Typisierung und System-Architektur sind Begriffe, die seit den Anfängen des Fertigbaus schon immer präsent waren. Zugegeben, das klassische Typenhaus hat im Laufe der Jahre ein Negativ-Touch erhalten, was jedoch mit der Akzeptanz am Markt zu tun hat und nicht mit der Qualität der Inhalte. Standardisierung und System-Architektur gehen bis aufs Bauhaus zurück und haben im Wertesystem vieler Architekten auch heute noch einen hohen Stellenwert. Gemeint ist: Das Bauen mit bewährten technischen Konstruktionen und formalen Einheiten beinhaltet viele Vorteile. Das Bauen wird preiswerter, schneller und die Qualität ist reproduzierbar. Bewährtes wird wiederholt, die Ergebnisse sind multiplizierbar. Parallelen hierzu findet man übrigens seit vielen Jahren in der Kunst. Dem elitären Unikat wird eine Serie von Unikaten gegenübergestellt, in gleicher Qualität und in einer genau definierten Auflage. Das tangiert nicht die Qualität an sich, sondern höchstens den Marktwert, der von der Auflage abhängig ist.

Ähnliche Entwicklungen sind auch im Fertigbau zu beobachten. Hochwertige Entwürfe, in relativ kleiner Auflage gefertigt, verlieren durch diese Vorgehensweise nicht ihren Wert. Das klare Bekenntnis zu Raster & Co. ermöglicht viel Transparenz, das konstruktive Prinzip ist jederzeit nachvollziehbar und oft Bestandteil dieser Architektur. Ein typisches Detail: Während bei üblichen Konstruktionen die Verbindungen möglichst kaschiert werden, bleiben hier die Verschraubungen nicht nur sichtbar, sondern sie werden sogar noch optisch betont. Vorbei die Zeiten, als man Holzkonstruktionen mit einer Vormauerung ver-

packen musste, um gegenüber den Steinhäusern optisch nicht ins Hintertreffen zu geraten. Übrigens kommt kein Käufer eines hochwertigen Automobils ins Grübeln, wenn er für viel Geld ein edles Fahrzeug erwirbt, das kein Unikat ist, sondern bestenfalls ein exklusives Objekt mit relativ geringer Auflage. Aber das stört den Käufer nicht, denn er weiß, dass sein Fahrzeug qualitativ gesehen zur ersten Liga zählt.

Ähnliche Überlegungen kann man auch bei hochwertigen Holz-Skelettkonstruktionen anstellen. Die Reproduzierbarkeit orientiert sich hierbei an genau festgelegten Standards und Rastergrößen, die Details haben sich zigfach bewährt, die formale Konsequenz überzeugt durch strenge Einfachheit. Wenn das System sich bewährt hat, dann ist eine hohe Variabilität möglich, die grundsätzliche Qualität bleibt auch bei unter-

schiedlichen Additionen nachvollziehar. Das kann sich auf ein einzelnes kontruktives Detail beziehen, auf ein komplettes System bis hin zu einzelnen Raumelementen bzw. Raumzellen. Übrigens: Auch im Möbelbereich gibt es solche Überlegungen. Das Ergebnis sind Systemmöbel, die erstaunlicherweise eine hohe Akzeptanz bei den Käufern finden, da sie allgemein als ausgereift, praktisch und funktional angesehen werden. Es stört niemand, dass solche Möbel in großer Auflage hergestellt werden, so dass von Unikaten keine Rede sein kann.

Hier ist also noch einiges zu tun, bis eine solch positive Resonanz auch im Hausbau Allgemeingut ist, denn System-Architektur und Typisierung bedeuten mehr als nur das übliche Haus von der Stange!

Wohnquader für Puristen

Mit rund 70 m² Gesamtwohnfläche bietet der Wohnquader alles, was man zum Wohnen braucht. Das minimalistische Modul, bei dem es um pure Funktion geht, wirkt streng und kühl. Große Glasflächen sorgen innen jedoch für ein lichtdurchflutetes Ambiente.

Ein Haus besteht in aller Regel aus vier Wänden und einem Dach. Ausgehend von dieser etwas simplen Definition wäre dies also ein Haus. Kritische Geister werden zu Recht monieren: Und wo bitte bleibt die Architektur, der Dachüberstand, Erker usw. – kurzum die eher „emotionalen" Komponenten? Fehlanzeige, die gibt es hier nicht und dies ist auch so gewollt.

Die Planer hatten nämlich einen Wohnquader im Sinn, reduziert auf seine pure Funktion! „Option", so die Bezeichnung für dieses minimalistische Objekt von fast skulpturaler Qualität, ist mehr als nur ein Haus. Es ist ein Modul und daher sehr vielseitig verwendbar. Jedenfalls mehr, als bei einem Haus üblich ist. Der Gedanke, ein modulares Wohnkonzept zu entwickeln, ist nicht neu. Der Grund: Die Möglichkeiten, die eine solche Lösung beinhaltet, sind für jeden Planer einfach faszinierend. Neu ist nur die Tatsache, dass dieser Gedanke von einem Fertighausunternehmen aufgegriffen und in ein machbares Konzept umgesetzt werden konnte.

Es geht um Weber Haus aus Rheinau-Linx. Der badische Haushersteller, der sich in der Vergangenheit bereits öfters durch architektonischen Mut auszeichnete („Övolution"), hat sich diesmal für eine höchst ungewöhnliche und sehr funktionale Wohnlösung entschieden, die aus dem „small house" des

schweizer Architekturbüros „bauart Architekten" (Bern und Neuenburg) entwickelt wurde. Es handelt sich hierbei um eine Art Raumzelle, komplett eingerichtet, die all das zum Wohnen beinhaltet, was man so braucht. Komplett bedeutet inklusive Küche, Bad, Heizung usw. Wenn gewünscht, sogar mit Möblierung, denn die Firma Hülsta hat beim Musterhaus, übrigens zu besichtigen in Rheinau/Linx, die Möblierung aus dem Programm „Now!" (fünf Varianten) beigesteuert, die wie ein Maßanzug passt. Ein Beispiel: Die rote Schiebetür des Kleiderschranks im Obergeschoss dient gleichzeitig als Raumteiler zur Galerie hin!

Im Vergleich zu klassischen Raumzellen wird „Option" allerdings nicht in einem Rutsch aufs Fundament gesetzt. Aus Gründen der Transportlogistik, so ist vom Haushersteller zu vernehmen. Die Module werden vielmehr mit großformatigen und vorgefertigten Wandelementen aufgebaut, wie im Fertigbau üblich. Allerdings überaus komplett, denn wie bereits erwähnt, in der Grundversion ist die Küche bereits enthalten. Inklusive Möbel, Herd, Edelstahlspüle, Kühlschrank und Dunstabzugshaube. Was zweifellos Sinn macht, denn bei 10,37 x 4,14 m und knapp 70 m² Wohnfläche auf zwei Ebenen bleibt kein Platz für große Möblierungsexperimente. Da muss einfach alles stimmen. Das gilt auch für die Raumaufteilung. Der Eingang erfolgt über eine Art äußeren Windfang, Essen/Küche/Wohnen, eine ein-

Galerie mit Arbeitsplatz, links im Bild das Edelstahlrohr vom Kaminofen. Die Schiebe-tür des Schranks dient als Trennwand. Schlaf- und Wohnzimmer verfügen beide über eine breite Glasfront.

läufige Treppe in Buche natur nach oben, Schlafen/Bad/Galerie (Arbeitsbereich) – mehr ist nicht. Es fehlt also nichts. Die Holzrahmen-konstruktion entspricht dem üblichen Niedrigenergiestandard, das Flachdach weist eine Kiesschüttung aus, die Heizung umfasst einen Kaminofen mit Edelstahlrohr (innenliegend im Treppenhaus) sowie zwei Elektroheizungen für Küche und Bad. Auf beiden Ebenen wer-den großflächige Festverglasungen ausgewiesen, mit Fenstertüren, ausgebildet als französischer Balkon oder als Zugang für Terrasse und Garten.

Kurzum: Der strenge Wohnquader präsentiert sich auch im Innen-bereich und bei den Details von erstaunlicher Konsequenz. Bleibt zum Schluss noch die Gretchenfrage: Für wen ist „Option" gedacht? Hierzu Weber-Geschäftsführer Dr. Ralph Mühleck: „Mit diesem Haus unterstreichen wir unser Image als Hausbauunternehmen, das indi-viduelle und unkonventionelle Lösungen bietet. „Option" ist als Wohn- oder Ferienhaus, Büro oder Atelier, für Singles oder Paare einsetzbar."

Für schmale Stadtgrundstücke, für additive Reihenbebauungen, als Penthouse zur Aufstockung, L-förmig als Anbauversion an ein be-stehendes Objekt oder als U-förmige Atrium-Variante usw. Möglich-keiten gibt's reichlich. Es kommt nur darauf an, was man will!

FAKTEN

Entwurf: „Option" von Weber Haus in 77866 Rheinau-Linx.

Abmessungen: 10,37 x 4,14 m.

Konstruktion: Holzrahmenbauweise, Flachdach mit Kiesschüttung.

Wohnflächen: EG 36 m^2, DG 30 m^2.

Preis dieses Entwurfs: Ab 86 990 € (2003) ab Keller oder Fundamentplatte, inklusive Küche.

Kontakt und Anschrift: Seite 125.

Module sind wie Elemente eines Baukastens, die sich zu größeren Einheiten zusammensetzen lassen. Zum Beispiel als U-förmige Atriumsvariante, als Reihenbebauung mit Versatz (wie hier gezeigt) oder als Doppelhaus. Bei „Option" ist gerade eine Addition ohne viel Aufwand möglich. Denkbar ist jedoch auch ein Andocken an ein vorhandenes Objekt oder eine Aufstockung.

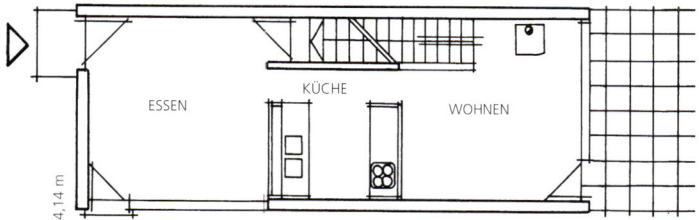

ESSEN   KÜCHE   WOHNEN

4,14 m

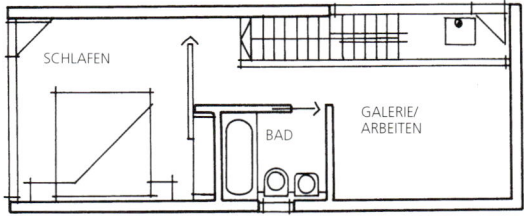

SCHLAFEN   BAD   GALERIE/ARBEITEN

Ein Haus mit zwei Gesichtern

Bei diesem Entwurf überrascht die ungewöhnliche Dachgeometrie: Zur Eingangsseite hin ein begrüntes Flachdach, im letzten Drittel der Dachfläche eine Ausbildung als Pultdach mit neun Grad Neigung. Der Baukörper wird übrigens rechts und links flankiert mit Carport/Garage (begrünt), beide Bauteile im gleichen Stil konzipiert wie das Wohngebäude.

Auf einen Blick ist erkennbar, dass es sich nicht um ein übliches Wohnhaus handelt. Das Haus ist fast rundum verglast, die wenigen Wandscheiben sind an einer Hand zu zählen. Die Konstruktion besteht aus einem modernen Fachwerk aus Leimholz und Glas. Ungewöhnlich die zwei Gesichter: Das Traggerüst ist außen dunkelgrün gehalten, innen dagegen schwarz. Ein Kompromiss, der es ermöglichte, die zu berücksichtigenden Öko-Auflagen mit der Architektur in Einklang zu bringen.

Deutlich zu erkennen die Kombination aus Flach- und Pultdach. Innen wie außen wird das Haus durch die dunkelgrün/schwarze Leimholz-Konstruktion geprägt, die fast vollflächig mit Glas ausgefacht ist. Innen ist alles sehr offen, was auch in der Höhe gilt.

Die Architektur wird durch die überall sichtbare Konstruktion geprägt. Es ist die Philosophie von Huf Haus (Westerwald) und Architekt Manfred Adams: Klar und transparent, geometrisch und optisch nachvollziehbar, perfekt inszeniert mit den hellen Putzflächen und der dunklen Holzkonstruktion. Zufälligkeiten haben hier keinen Platz, alles ist durchgehend einem konstruktiven System unterworfen. Ein Genuss für Bauherren, die formale Ansprüche an ihre Wohnwelt stellen.

Das Wohngeschehen spielt sich auf knapp 200 m² ab, außerdem ist ein Teil des Kellers für Wohnzwecke nutzbar. Über den traufseitigen Eingang erreicht man den Windfang mit Garderobe, bei Huf fester Bestandteil jedes Hauses. Rechts ein komplettes Mini-Appartment mit Bad und Kochnische für das Aupair-Mädchen. Links der Zugang zur repräsentativen Diele mit Podesttreppe, offener Küche und Wohn-/Essbereich. Das Innenleben wird durch das schwarze Holzskelett geprägt, das durch den hohen Glasanteil noch stärker zur Wirkung kommt.

Für Ruhe sorgen einzelne Wandscheiben, weiß verputzt. Das Haus zeigt sich auch nach oben hin transparent. Über dem Essbereich ist die Decke offen, von der Empore aus hat man einen großartigen Blick auf die Umgebung. Hier hat man mehr Raumhöhe zur Verfügung, denn das Dach ist mit neun Grad nach oben geknickt. Für den Schutz bei hochstehender Sonne sorgt auf der Gebäuderückseite ein breiter Dachüberstand (1 m).

Ein gläsernes Haus, innen und außen. Besonders auf der Empore wird dies deutlich. Die leichte Dachschräge ist durch das Pultdach bedingt. Hier steht mehr Raumhöhe zur Verfügung.

FAKTEN

Entwurf: Individueller Entwurf (4-Achsen-Haus) von Huf Haus in 56244 Hartenfels.

Abmessungen: 13,96 x 9,36 m.

Konstruktion: Moderne Fachwerkbauweise in Leimholz mit Putz-/Glas, Flach-/Pultdach mit 9 Grad.

Wohnflächen: EG 108 m^2, DG 89 m^2.

Preis dieses Entwurfs: Komplette Preisangaben beim Hersteller.

Kontakt und Anschrift: Seite 125.

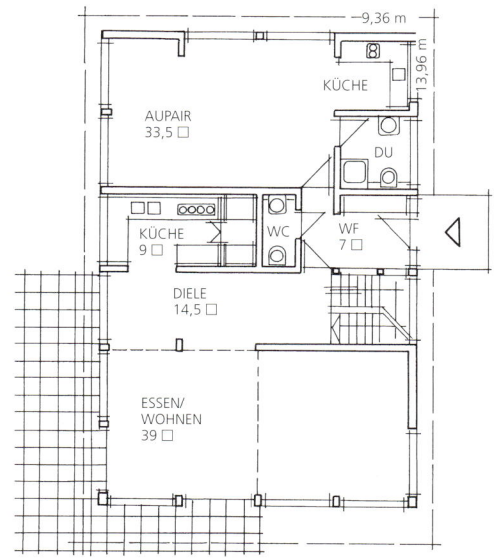

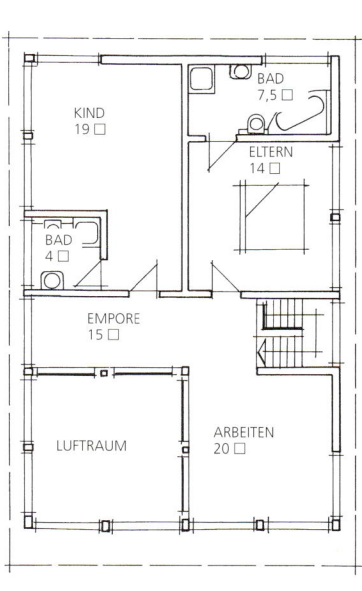

Wohnen & mehr

Innovativer Holzbau
Öko macht Spaß

Holzfertigbau eignet sich hervorragend für ökologisches Bauen, denn Holz ist ein nachwachsender Baustoff, mit „gesunden" Eigenschaften, einem einfachen Handling und einer jahrhundertealten Tradition. Verständlich, dass der Fertigbau sich von Anfang an dieses Themas angenommen hat, in einer Zeit, wo noch von baubiologischen Lösungen die Rede war. Ein etwas einengender Begriff, der jedoch schnell dem ökologischen Bauen gewichen ist. Was nicht nur ein Etikettenwechsel bedeutete, sondern auch eine neue Ausrichtung der Inhalte.

Wenn's um ökologisches Bauen geht, dann sind einwandfreie Baustoffe eine Selbstverständlichkeit. Darüber hinaus geht's um mehr: Um ein Gesamtkonzept, das auch auf Nachhaltigkeit ausgerichtet ist, um Energie sparendes und Ressourcen schonendes Bauen, um Fragen des Naturkreislaufs, z. B. im Bereich der Regenwassernutzung, um das Einbeziehen des natürlichen Umfeldes, um das Bauen mit der Sonne (unter Berücksichtigung solarer Energienutzung) und natürlich um den Menschen selbst, der sich wohlfühlen muss, denn er steht im Mittelpunkt des Geschehens.

Vielfältige Aufgaben, die mit einer Nullachtfünfzehn-Architektur kaum zu erfüllen sind. Auffällig denn auch, dass mit der Definition umfassender Ziele auch ein formales Umdenken stattgefunden hat. Präsentierten sich die baubiologischen Konstruktionen der Vergangenheit oftmals ziemlich rustikal, so sind die Öko-Häuser von heute architektonisch auf der Höhe ihrer Zeit, von Müsli-Ideologie ist nichts mehr spürbar. Im Gegenteil:

Diffusionsoffene Wände geben den Ton an, alternative Dämmstoffe sind schon fast Pflicht, die Haustechnik ist in aller Regel vom Feinsten. Letztere reicht von der Holz-Pelletsheizung über die Bustechnik bis hin zur kontrollierten Be- und Entlüftung mit Wärmerückgewinnung. In diesem Markt sind übrigens erstaunlich oft Drei-Liter- und Passivhäuser auszumachen, was grundsätzlich gut zusammenpasst.

Auch die Öko-Architektur hat einen gewaltigen Sprung nach vorne getan. Rustikale Blockkonstruktionen in Massivholz sind eher die Ausnahme, filigrane Holzfertigbau- und Holzrahmenkonstruktionen geben den Ton an. Bei vielen sind deutliche Verbesserungen in Richtung Design zu erkennen. Öko und Design? Noch vor wenigen Jahren war eine solche Kombination kaum denkbar.

Das Salz in der Suppe sind die freien Architekten, die sich zunehmend mit Holzbau beschäftigen und wichtige Impulse an die Fertighaus-Industrie weitergegeben haben. Ergebnis: Noch nie war das Angebot an Öko-Architektur so attraktiv wie heute. Angefangen vom archaischen Holzhaus mit vergrauter Holzfassade in Natur bis hin zum designten Edelgebäude mit großflächigen Schiebeläden, zweieinhalbgeschossig und mit raffinierter Fenstergeometrie. Da überrascht es nicht, dass diese Häuser auch in Sachen Technik auf neuestem Stand sind. Denn bei aller Öko-Überzeugung, die eingangs erwähnten komplexen Ziele sind nur zu erreichen, wenn auch die Technik auf Hightech-Level ist. Der Komfortaspekt muss nicht besonders erwähnt werden, er ergibt sich aus den Rahmenbedingungen und gehört einfach dazu. So macht Öko-Bau dann auch Spaß!

Mit besonderer
Tragstruktur

Die Küche verfügt über einen dreiseitig (raumhoch) verglasten Erker, das nach außen ausstellbare schmale Fenster erinnert ein wenig an ein Wohnmobil. Vom Wohnzimmer aus ist der Blick frei bis zum First. Galerie und Stahlbrücke prägen das räumliche Geschehen.

Im Genehmigungsfreistellungsverfahren wurde dieses ungewöhnliche Holzhaus gebaut. In Bayern, so ist zu ergänzen, und das Haus bewohnt der Planer samt Familie selbst.

Die sichtbar ausgeführte Tragstruktur besteht aus fünf Dreigelenkrahmen, ähnlich einer Hallenkonstruktion, die den Baukörper innen wie außen gliedert. Ausgefacht wurde mit Holzständerwänden, wie im Fertig- bzw. Rahmenbau üblich, die giebelseitig mit zementgebundenen Spanplatten und traufseitig mit unbehandelten Lärchenlatten verschalt sind. Die Giebelwände sind oben nicht an der Dachfläche befestigt, sondern an den Leimbinder-Rahmen angeschlossen.

Traufseitig sind (umlaufende) schräg gestellte Kniestockverglasungen zu entdecken, die bewirken, dass das Dach von den Wänden losgelöst und schwebend erscheint. Die Nebenträger der Decken- und Dachkonstruktion wurden ebenfalls sichtbar ausgeführt und mittels Schwalbenschwanz-Verbindungen an die Hauptträger angeschlossen.

Eine Tragstruktur, die eine freie Grundrisseinteilung ermöglicht, denn die Obergeschosse sind völlig stützenfrei. Bis zum First reicht die Galerie, (mit Firstverglasung!) die Bad und Schlafräume erschließt.

Unterm Dach verbindet eine abgehängte Stahlbrücke, mit Lichtschachtrosten belegt, die Dachspitzräume. Die umlaufende Kniestockverglasung ermöglicht von jedem Standort im DG den Blick nach außen. Ein pfiffiges Holzhaus!

Die abgehängte Stahlbrücke, mit Lichtschachtrosten belegt, verbindet die beiden Dachspitzräume. Deutlich zu erkennen die Firstverglasung. Auch im Bad erlaubt die umlaufende Kniestockverglasung den Blick nach außen.

FAKTEN

Entwurf: Individueller Entwurf
Architekturbüro Weiland
in 86899 Landsberg.

Abmessungen: 9,20 x 13,10 m.

Konstruktion: Tragende Leimbinder-
rahmen mit Holzständerwänden.

Fassade: Zementgebundene Spanplatten
bzw. Lärchelatten, Dachneigung 45 Grad.

Wohn-/Nutzflächen:
EG 101 m², DG 80 m².

Preis dieses Entwurfs:
Baukosten 276 100 € (1999/2000).

Kontakt und Anschrift: Seite 125.

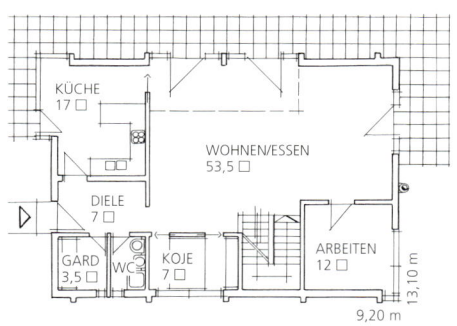

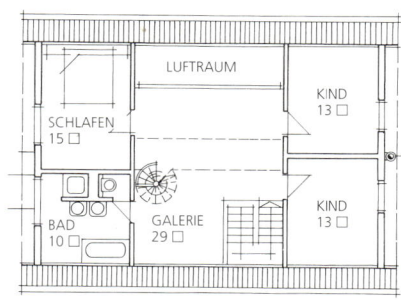

Kein „einfacher" Baukörper, auch wenn es auf den ersten Blick so scheint. Zahlreiche raffinierte und schöne Details sorgen für dezente Abwechslung. Dachbegrünung und Photovoltaik-Anlage schaffen die logische Verbindung zwischen Ökologie und moderner Technik.

Die Grenzen zwischen Wohnraum und Garten werden verwischt durch raumhohe Fenster mit rahmenloser Eckverglasung. Ein zentral gelegener Kaminofen ist die Verbindung zwischen Essen und Wohnen. Besonders bemerkenswert: Die offene Küche kann bei Bedarf durch eine mobile Wand, die sonst in einer Nische versteckt ist, abgeteilt werden (siehe Grundriss).

In **Einklang** mit **Natur** und **Technik**

Etwas gewöhnungsbedürftig mag dieses Haus für den einen oder anderen Betrachter schon sein. Doch selten wird ein Entwurf so konsequent dem Lebensstil und den Ansprüchen der Baufamilie angepasst wie in diesem Fall. Die ökologisch sehr engagierte Baufamilie wollte mit ihrem Haus nämlich nicht nur einen ganz persönlichen Wohnstil verwirklichen, sondern auch ein sichtbares Zeichen für ökologisches Bauen setzen.

Mit der freien Architektin Christiane Neumüllers, Karlsruhe, fand die Baufamilie eine Planerin, die voll hinter ihren anspruchsvollen Forderungen stand. Äußerlich zeigt der Baukörper einerseits eine moderne Architektur, andererseits wurden aber mit der unbehandelten hinterlüfteten Holzfassade (Douglasie) und den Holzschiebeläden auch traditionelle Elemente verwendet. Raumhohe Fenster in Alu-Holz-Verbundkonstruktion, teilweise sogar mit rahmenloser Eckverglasung, Balkone und überdachte Freisitze

weisen auf ein offenes Wohnen mit optimaler Sonnennutzung hin. Um die Flächen-Versiegelung durch das Gebäude zu reduzieren, erhielt das Steildach auf der Nordseite eine extensive Begrünung. Dem ökologischen Anspruch entsprechend wurde logischerweise die gesamte Südseite mit einer Photovoltaik-Anlage sowie einer Solaranlage für die Warmwasser-Erzeugung bestückt. Zwei außenliegende Edelstahl-Schornsteine sowie Stahlstützen und Geländer an den Balkonen bilden weitere architektonische Kontraste. So erscheint das Haus von außen abwechslungsreich und macht gespannt aufs Innenleben.

Während sich der Entwurf von außen mit seiner Holzverschalung eher in dunklen Tönen präsentiert, wurde der Innenbereich mit weißen Putzflächen betont hell gestaltet. Auch hier jedoch die Kombination von „natürlichen" und modernen Materialien: geöltes Hainbuchen-Parkett und eine offene Stahl-

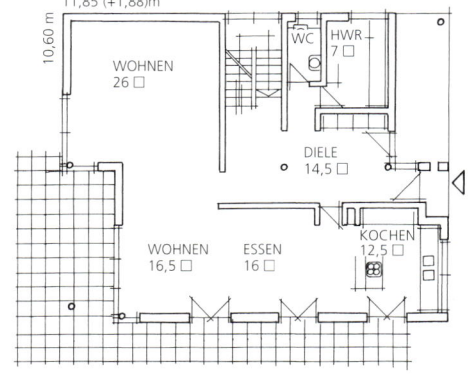

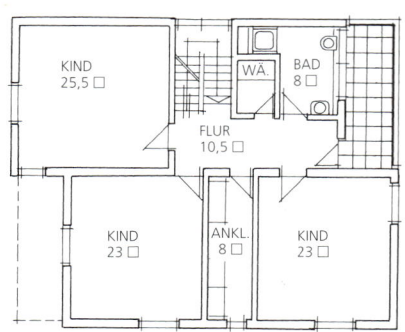

FAKTEN

Entwurf: Individueller Entwurf.

Planung: Freie Architektin
Chr. Neumüllers, Karlsruhe, gebaut von
Kitzlinger Haus, 72172 Sulz/Neckar.

Abmessungen: 10,64 x 13,77 m.

Konstruktion: Holzständerkonstr.,
35° Satteldach, Kniestock 60 cm.

Wohnflächen: EG 94,4 m²,
OG 99,5 m², OG 66,3 m².

Preis dieses Entwurfs: Ist direkt beim
Hersteller zu erfragen.

Kontakt und Anschrift: Seite 125.

11,85 (+1,88)m
10,60 m

WOHNEN 26 ☐

WC

HWR 7 ☐

DIELE 14,5 ☐

WOHNEN 16,5 ☐

ESSEN 16 ☐

KOCHEN 12,5 ☐

KIND 25,5 ☐

WÄ

BAD 8 ☐

FLUR 10,5 ☐

KIND 23 ☐

ANKL. 8 ☐

KIND 23 ☐

Treppenkonstruktion sowie ein sichtbarer T-Träger als Unterzug im Wohnbereich. Dazu kommt ein zentral zwischen Ess- und Wohnbereich gelegener Design-Kaminofen, der für eine gemütliche Wohn-Atmosphäre sorgt. Selbstverständlich wurden bei der Lage und Möblierung – insbesondere der Schlafräume – die geomantischen Gegebenheiten berücksichtigt. Eine Ausstattung des Hauses mit Schutzplatten gegen elektrische Wechselfelder und elektromagnetische Wellen versteht sich fast von selbst. Bemerkenswert ist übrigens auch, dass alle Wohnräume durchweg von zwei Seiten Licht bekommen.

Großzügigkeit und sinnvolle Raumaufteilung zeigt sich auf allen drei Etagen. Selbst das „Kinderreich" im Obergeschoss verfügt über einen begehbaren Schrankraum (warum eigentlich nicht?), ein freundliches helles Bad und einen gut dimensionierten Balkon.

Dank bester Wärmedämmung mit Schafwolle „Alchimea lana" (aus dem staatlichen Förderprogramm „nachwachsende Rohstoffe") und einer Holzfaserdämmung „Steico Therm Flex" (mit nature plus-Siegel) liegt der Jahres-Heizwärmebedarf bei knapp 60 kWh/m². Die Zentralheizung wird selbstverständlich mit regenerativen Holzpellets betrieben. Durch alternative Energieerzeugung sinkt der Jahres-Primärenergiebedarf damit auf unter 30 kWh/m². Zweifellos ist der Baufamilie zusammen mit ihrer Architektin hier ein überzeugendes Beispiel moderner ökologischer Bauweise gelungen.

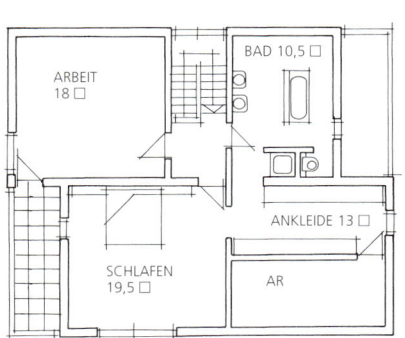

Landschaft und
Haus für Genießer

Das Biosphärenreservat Rhön verlangt Baufamilien einiges an Zugeständnissen und Auflagen ab – auch wenn es sich wie in diesem Fall „nur" um ein Ferienhaus handelt. Wer hier bauen will, muss die Versiegelung möglichst gering halten und zudem Ausgleichsmaßnahmen vornehmen. Eine landschaftsangepasste Bauweise scheint in diesem Zusammenhang noch das Geringste.

Neben den amtlichen Vorschriften waren aber noch die Vorstellungen der Baufamilie sowie das Grundstück selbst, ein steiler Nordwesthang, prägend für den Entwurf. Schwerpunkt der Gebäudekonzeption waren ökologische und baubiologische Vorgaben: Niedrigenergiehaus, Sonnenkollektoren, Regenwassernutzung für Toilette und Garten, Einsatz umweltverträglicher

Baustoffe, Erhaltung des vorhandenen Baumbestandes und die Neuanlage einer Obstwiese und eines Hausgartens. Trotz moderner Gestaltung sollte das Haus seinen Bezug zur Region nicht verlieren. Deshalb wurde bei der Wahl der Baustoffe auf ortstypische Materialien zurückgegriffen wie Sandbruchsteinwände, Holzverschalung aus Douglasie und Tondachziegel.

Das Gebäude wurde als langer schmaler Baukörper senkrecht zum Hang ausgerichtet. So konnten die Traufseite sowie die vorgesetzten Holzterrassen nach Südwesten orientiert werden. Die insgesamt schlichte Gestaltung mit großen Dachflächen betont den modernen Charakter dieses attraktiven Ferienhauses.

Mit ortstypischen Materialen, Bruchsandstein und Holz, fügt sich das Haus unauffällig in die Umgebung. Eine Übereckverglasung schafft echte Ferienstimmung mit weitem Blick in die Landschaft. Hinter der Wandscheibe versteckt sich die offene Küche.

Der Wohn- und Essbereich der großen Wohnung im vorderen Teil des Hauses ist bis unters Dach offen. Ein Steg verbindet im Dachgeschoss den Schlafraum mit dem Bad.

FAKTEN

Entwurf: Ferienhaus Rhön.

Planung: Architekten Reich + Kratz, 36039 Fulda.

Abmessungen: 10,44 + 7,25 x 7,53 m.

Konstruktion: Holzverbundkonstr., 45° Satteldach, Kniestock ca. 50 cm.

Wohnflächen: Wohnung 1: ca. 90 m^2, Wohnung 2: ca. 72 m^2.

Preis dieses Entwurfs: ca. 300 000 € inkl. Planung (2003).

Kontakt und Anschrift: Seite 125.

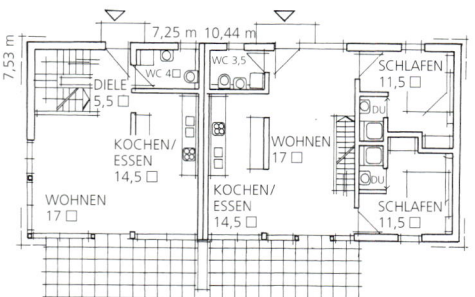

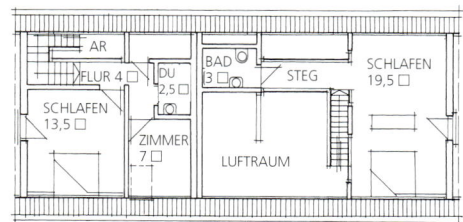

Bauart Partner Gremmelspacher,
Mörikestraße, 72525 Münsingen-Auingen,
Tel. 07381/9291-0, Fax 07381/9291-50,
Internet: www.gremmelspacher.de

Baufritz GmbH,
Alpenstr. 112, 87746 Erkheim,
Tel. 08336/900-0, Fax 08336/900-260,
Internet: www.baufritz.com, email: info@baufritz.com

Davinci-Haus GmbH,
PF 100, 57580 Elben,
Tel. 02747/8009-0, Fax 02747/800979,
Internet: www.davinci-haus.de, email: hallo@davinci-haus.de

Frammelsberger GmbH,
PF 1261, 77696 Oberkirch,
Tel. 07802/9277-0, Fax 07802/927750,
Internet: www.frammelsberger.de, email: info@frammelsberger.de

Griffner Haus,
Gewerbestr. 3, A 9112 Griffen,
Tel. 0043/4233/2237-0, Fax 0043/4233/2237-5,
Internet: www.griffnerhaus.com, email: info@griffnerhaus.com

Griffnerhaus Deutschland GmbH,
Auf dem Hahnenberg 19, 56218 Mülheim-Kärlich,
Tel. 02630/9434-0, Fax 02630/9434-20,
Internet: www.griffnerhaus.com, email: info@griffnerhaus.com

Huf Haus GmbH,
Mühlenweg 1, 56244 Hartenfels,
Tel. 02626/761-0, Fax 02626/761-103,
Internet: www.huf-haus.de, email: info@huf-haus.de

Jehle-Häuser,
Gupfenstr. 4, 79809 Weilheim-Bannholz,
Tel. 07755/9208-0, Fax 07755/9208-20,
Internet: www.jehle-holzhaus.de, email: service@jehle-holzhaus.de

Keitel-Haus GmbH,
Reubacher Str. 23, 74585 Rot am See-Brettheim,
Tel. 07958/9805-0, Fax 07958/9805-25,
Internet: www.keitel-haus.de, email: info@keitel-haus.de

Kitzlinger Haus GmbH & Co. KG,
Neckarstr. 3, 72172 Sulz/Neckar,
Tel. 07454/9610-0, Fax 07454/9610-40,
Internet: www.kitzlinger.de, email: verkauf@kitzlinger.de

Klarmann Architekturbüro,
Hindenburgstr. 4, 72555 Metzingen,
Tel. 07123/200437, Fax 07123/200439

Philipphaus Baukunst,
Wittighäuser Steige 2, 74547 Untermünkheim,
Tel. 0791/7599-0, Fax 0791/759975,
Internet: www.philipphaus.de, email: info@philipphaus.de

Platz-Haus,
PF 1453, 88343 Bad Saulgau,
Tel. 07581/201-0, Fax 07581/201-123,
Internet: www.platz.de, email: info@platz.de

Reich & Kratz Architekten,
Försterweg 1 a, 36039 Fulda,
Tel. 0661/71025, Fax 0661/22352,
Internet: www.architekten-reich-kratz.de, email: info@architekten-reich-kratz.de

Rolf Dan Projekt Surveyor- und Ingenieurges. mbH,
Mörikestr. 9, 72525 Münsingen-Auingen,
Tel. 07381/9292-0, Fax 07381/9292-18,
Internet: www.rolf-dan-projekt.de, email: info@rolf-dan-projekt.de

Schwabenhaus GmbH,
Industriestr. 2, 36266 Heringen,
Tel. 06624/930-0, Fax 06624/930-125,
Internet: www.schwabenhaus.de, email: schwabenhaus@t-online.de

WeberHaus GmbH & Co. KG,
PF 1126, 77863 Rheinau-Linx,
Tel. 07853/83-0 oder 0180/5231345, Fax 07853/83-417,
Internet: www.weberhaus.de, www.bauforum.com, email: info@weberhaus.de

Weiland Architekturbüro,
Am Hasenberg 4, 86899 Landsberg,
Tel. 08191/944173, Fax 08191/944183

Arch.-Büro Weller,
Sandäcker 32, 71554 Weissach i. Tal,
Tel. 07191/310750, Fax 07191/310751

Redaktionelle Mitarbeit:
Eberhard Häberle-Krauch,
Dr. Joachim Mohr

Fotos:
Jörg Schönbein,
Bernhard Müller,
Nick Wendt
und jeweils genannte Hersteller.

Titelbild:
Baukunst Philipphaus

Layout / Umschlaggestaltung:
P.S. Petry & Schwamb,
Verlagsdienstleistungen, Freiburg;

Ulrike Schuck, Fellbach;
Werner Schur, Fellbach

Bildrechte:
Archiv Fachschriften Verlag GmbH & Co. KG, Fellbach

Bibliographische Information der Deutschen Bibliothek:
Die Deutsche Bibliothek verzeichnet diese Publikation in der Deutschen Nationalbibliographie; detaillierte bibliographische Daten zu diesem Werk sind im Internet unter http://dnb.ddb.de abrufbar. Das Werk, einschließlich aller seiner Teile, ist urheberrechtlich geschützt. Die Verwertung der Texte und Bilder ist – auch auszugsweise – ohne Zustimmung des Verlages unzulässig und strafbar. Das gilt auch für Vervielfältigungen, Übersetzungen, Mikroverfilmung sowie für die Einspeicherung und Verarbeitung in elektronischen Systemen (einschließlich Internet).

Alle in diesem Buch enthaltenen Ratschläge und Informationen (z.B. Produktbeschreibungen, Preis- und Mengenangaben, Berechnungen usw.) sind sorgfältig erwogen und geprüft. Eine Garantie hierfür kann jedoch nicht übernommen werden. Ausgeschlossen ist auch jegliche Haftung des Verlages bzw. einzelner Autoren und Bearbeiter für Personen-, Sach- und Vermögensschäden.

Druck:
Druckhaus Darmstadt GmbH

© 2004, Blottner Fachverlag GmbH & Co. KG,
D-65232 Taunusstein
e-mail: blottner@blottner.de / URL: www.blottner.de
ISBN 3-89367-633-3 / Printed in Germany

Bücher für
anspruchsvolles Wohnen

Häuser optimal geplant und preisbewusst gebaut
Das Buch der Ideen und Beispiele

Wolfang Grasreiner
128 Seiten, Großformat, 230 farbige Abbildungen, 28 Grundrisse.
Fester Einband.
ISBN 3-89367-629-5

Behandelt wird die ganze Vielfalt des Bauens. Häuser für große und kleine Familien und solche mit "intelligenter" Haus-Technik werden ebenso vorgestellt wie landschaftsbezogene Einfamilienhäuser und außergewöhnliche Individualisten.

Das neue Buch vom Dachausbau
Dachräume zum Wohlfühlen: Ideen, Details, Beispiele

Horst Fischer-Uhlig und Kurt Jeni
128 Seiten, Großformat, 314 farbige Abbildungen, 18 Grundrisse.
Fester Einband.
ISBN 3-89367-630-9

Dieses Buch zeigt in vielen Ausbau-Beispielen die ganze schöne Wohnwelt unterm Dach: um Immobilieneigentümer zu eigenen Überlegungen anzuregen, ihnen zu helfen, eigene Wünsche zu klären und ihnen das Wohnen unterm Dach nahezubringen.

Das neue Buch der Kamine und Kachelöfen
Energiesparende Ausführungen: traditionell und modern

Kurt Jeni
128 Seiten, Großformat, 248 farbige Abbildungen.
Fester Einband.
ISBN 3-89367-632-5

Mit diesem Buch wird der künftige Kachelofen- oder Kaminbesitzer zum gut informierten Gesprächspartner des Planers bzw. Ofenbauers. Mit vielen Planungs- und Ausführungsbeispielen von Öfen und Kaminen und eindrucksvollen Bildbeispielen.

Blottner Verlage • 65232 Taunusstein • www.blottner.de